汉画总录

3

米脂

GUANGXI NORMAL UNIVERSITY PRESS
广西师范大学出版社
·桂林·

The Getty Foundation

本项目研究得到盖蒂基金会的资助。

Research for this publication was supported by a grant from the Getty Foundation.

项目统筹　汤文辉　罗文波　李　琳
责任编辑　罗文波　李　琳　邹湘侨　范　新
装帧设计　李若静　陆润彪　刘　凛　黄　赟
责任技编　伍智辉

图书在版编目（CIP）数据

汉画总录. 3，米脂 / 康兰英，朱青生主编. 一桂林：
广西师范大学出版社，2012.8（2023.3 重印）
　ISBN 978-7-5495-2745-8

Ⅰ．汉… Ⅱ．①康…②朱… Ⅲ．①画像砖－史料－
研究－中国－汉代②画像砖－史料－研究－米脂县－汉代
Ⅳ．K879.444

中国版本图书馆 CIP 数据核字（2012）第 249549 号

广西师范大学出版社出版发行

（广西桂林市五里店路 9 号　邮政编码：541004）
（网址：http://www.bbtpress.com）

出版人：黄轩庄

全国新华书店经销

广西广大印务有限责任公司印刷

（桂林市临桂区秧塘工业园西城大道北侧广西师范大学出版社集团
有限公司创意产业园内　邮政编码：541199）

开本：787 mm × 1 092 mm　1/16

印张：15.75　　字数：100 千字

2012 年 8 月第 1 版　　2023 年 3 月第 2 次印刷

定价：800.00 元

如发现印装质量问题，影响阅读，请与出版社发行部门联系调换。

编辑委员会

主任

顾森　周其凤

委员

陈江风　陈履生　陈松长　方拥　高书林　高文　顾森　韩顺发　韩玉祥　何林夏　贺西林
何志国　T. Hoellmann　胡新立　黄雅峰　蒋英炬　康兰英　L. Ledderose　李宏
李江　李世勇　李孝聪　缪哲　L. Nickel　牛天伟　M. Nylan　M. Powers　J. Rawson
闪修山　苏肇平　唐长寿　王恺　汪悦进　魏学峰　翁剑青　巫鸿　武利华　信立祥　徐婵菲
阎根齐　杨爱国　杨孝军　杨絮飞　游振群　于秋伟　曾繁模　张新宽　赵超　赵殿增
赵化成　郑先兴　郑岩　周其凤　朱存明　朱青生

本卷主编

康兰英　朱青生

本卷主编助理

张欣　陈亮　张文靖　闵坤　郝元义　练春海　华昊　刘冠　徐呈瑞

本卷编辑工作人员

李若静　刘朴　张琦琪　杨超　全丽丽　郑亚萌　张铭慧　董红卫　张彬彬

序

文字记载，图画象形。人性之深奥、文化之丰富俱在文献形相之中；史实之印证、问题之追索无非依靠文字图形。[1] 汉画乃有汉一代形相与图画资料之总称。

汉代之前，有各种物质文化遗迹与形相资料传世。但是同时代文献相对缺乏，虽可精观细察，恢复格局，重组现象，拾取位置、结构和图像信息，然而毕竟在紧要处，但凭推测，难于确证。汉代之后，也有各种物质文化遗迹与形相资料传世，但是汉代之前问题不先行获得解释，后代的讨论前提和基础就愈加含糊。尤其渊源不清，则学难究竟。汉代的文献传世较前代为多，近年汉代出土文献日增，虽不足以巨细问题尽然解决，但是与汉代之前相比，判若文献"可征"与"不可征"之别。所以，汉画作为中国形相资料的特殊阶段，据此观察可印之陈述，格局能佐之学理，现象会证之说明；位置靠史实印证，结构倚疏解诠释。因图像信息与文字信息的双重存在，将使汉画成为建立中国图像志，用形相学的方法透入历史、文化和人性的一个独特门类。此汉画作为中国文化研究关键理由之一。

两汉之世事人情、典章制度可以用文字表达者俱可在经史子集、竹帛简牍中钩沉索隐，而信仰气度、日常生活不能和不被文字记述者，当在形相资料中考察。形者，形体图像；相者，结构现象。事隔两千年形成古今感受之间的千仞高墙，得汉画其门似可以过入。而中国文明的基业，多始于汉代对前代的总结、集成而制定规范；即使所谓表率万世之儒术，亦为汉儒所解释而使之然。诸子学说亦由汉时学人抄传选择，隐显之功过多在汉人。而道德文章、制度文化之有形迹可以直接回溯者，更是在汉代确立圭臬，千秋传承，大同小异，直至中国现代化来临。往日的学术以文字文献为主，自从进入图像传播时代，摄影、电视造成了人类看待事物的新方法，养成了直接面对图像的解读能力。于是反观历史，对于形相资料的重视与日俱增。因此，由于汉代奠定汉族为主

---

[1] 对于古史，有所谓四重证据法：传世文献+出土文献+出土文物+依地形、位置和建筑建构遗存复原的文化环境设想。但任何史实，多少都有余绪流传至今，则可通过现今活态遗存，以今证古，这是西方人类学、文化地理学中使用的方法。例如，可从近日的墓葬石工技艺中考溯汉代制作；再如，今日非物质文化遗产中的祭祀庆典仪式，其中可能有此地同族举行同类型活动的延承，正所谓"礼失而求诸野"。所以，对于某些历史对象，可以采用"六重证据法"：传世文献+出土文献+出土文物+复原的文化环境设想+现今活态遗存+试验考古（即用当时的工具、材料、技术、观念重新试验完成一遍古代特定的任务）。对问题的追索无非依靠文字和形相两种性质的材料，故略称"文字图形"。

体的文明而重视汉代，由于读图观相的时代到来而重视图画，此汉画之为中国文化研究关键理由之二。

"汉画"沿用习称。《汉画总录》关注的汉画包括画像石、画像砖、帛画、壁画、器物纹样和重要器物、雕刻、建筑（宗教世俗场所和陵墓）。所以，与《汉画总录》互为表里的国家图像数据库 [2] 则称之为"汉代形像资料"，是为学术名称。

汉画研究根基在资料整理。图像资料的整理要达到"齐全"方能成为汉画学的基础。所谓齐全，并非奢望汉代遗迹能够完整留存至今，而是将现存遗址残迹，首先确定编号，梳理集中，配上索引，让任何一位学者或观众，有心则可由之而通览汉代的形相资料总体，了解究竟有多少汉代图形存世。能齐观整体概况，则为齐也。如果进一步追索文化、历史和人性的问题，则可利用这个系统，有条理、有次序地进入浩瀚的形相数据，横征纵析，采用计算机详细精密的记录手段和索引技术，获取现有的全部图像材料。与我们陆续提供给学界的"汉代古文献全文数据库"和"中文、西文、日文研究文献数据库"互为参究，就能协助任何课题，在一个整体学科层面上开展，减少重复，杜绝抄袭，推动研究，解决问题。能把握学科动态则为全也。《汉画总录》是与国家图像数据库相辅相成的一个长期文化工程，是依赖全体汉画学者努力方能成就的共同事业。一事功成，全体受益。如果《汉画总录》及其索引系统建成完整、细致、方便的资料系统，汉画学的推进，可望会有飞跃。对其他学科亦不无帮助。

汉画编目和《汉画总录》的编辑是烦琐而细致的工作。其平常在枯燥艰苦的境况中日以继夜。此事几无利益，少有名声，唯一可以告慰的是我们正用耐心的劳动，抹去时间的风尘，使中国文明之光的一段承载——汉画，进入现代学术的学理系统中，信息充溢，条理清楚，惠及学界。况且汉画虽是古代文化资料，毕竟养成和包蕴汉唐雄风；而将雄风之遗在当今呈现，是对中国文明的贡献，也是为人类不同文明之间更为深刻的互相理解和世界在现代化中的发展提示参照。

人生有一事如此可为，夫复何求？

编　者

2006 年 7 月 25 日

---

[2] 2005年文化部将中国汉代图像信息综合调查与数据库项目纳入"国家数据库专项"系统。

编辑体例

《汉画总录》包括编号、图片、图片说明、图像数据、文献目录、索引六部分内容。

1. 编号

为了研究和整理的需要，将现有传世汉画材料统一编号。编号工作归属于一个国家项目协调（《中国汉代图像信息综合调查与数据库》为国家艺术科学"十五"规划项目）。方法是以省、区编号（如陕西 SSX，山西 SX）加市、县，或地区编号（如米脂 MZ）再加序列号（三位），同一汉画组合中的部件在序列号之后加横杠，再加序列号（两位）。比如米脂党家沟左门柱，标示为 SSX-MZ-005-01（说明：陕西—米脂—党家沟画像石墓—左门柱）。编号最终只有技术性排序，即首先根据"地点"的拼音缩写的字母排列顺序，在同一地点的根据工作序列号的顺序排序。

地点是以出土地为第一选择，不在原地但仍然有确切信息断定其出土地的，归到出土地编号，并在图片说明中标示其收藏地和版权所有者。如果只能断定其出土地大区（省、区），则在小区（市、县、地区）部分用"××"表示。比如美国密西根大学博物馆藏的出自山东某地，标示为 SD-××-001。如果完全不能断定其出土地点，则以收藏地点缩写编号。

编号完成之后，索引、通检和引证将大为方便。论及某一个形象或画面，只要标注某编号，不仅简明统一，而且可以在《汉画总录》和与此相表里的国家图像数据库（文化部将中国汉代图像信息综合调查与数据库项目纳入"国家数据库专项"系统）中根据检索方法立即找到其照片、拓片、线图、相关图像和墓葬的全部信息，以及关于这个对象尽可能全面的全部研究成果，甚至将来还可以检索到古文献和出土文献的相关信息，以及同一类型图像或近似图像的公布、保存和研究情况。

2. 图片

记录汉代画像石、画像砖的图片采取拓片、照片和线图相比照的方式处理。[1] 传统著录汉画的方式是拓片，拓片的特点是原尺寸拓印。同时，拓片制作时存在对图像的取舍和捶拓手工轻重粗精之别，而成为独立于原石的艺术品。拓片不能完整记录墓葬中画像砖石的相互衔接和位置关系，以及墓葬内的建筑信息，无法记录画像石上的墨线和色彩，对于非平面的、凹凸起伏的浮雕类画

---

[1] 由于在《汉画总录》的编辑方针中，将线描用于对图像的解释和补充，线描制作者的观点和认识会有助于读者理解，但也形成了一定的误导和局限，因此在无必要时，将逐步减少线描的数量，而把这个工作留待读者在研究时自行完成。

像砖石，也不能有效地记录其立体造型。不同拓片制作者以及每次制得的拓片都会有差异。使用拓片一个有意无意的后果是拓片代替原石成为研究的起点，影响了对画像石的感受和认知。拓片便利了研究的同时也限制了研究。只是有些画像砖石原件已失，仅存拓片，或者原石残损严重，记录画像砖石的拓片则为一种必要的方法。

照片对画像砖石的记录可以反映原件的质地和刻划方法、浮雕的凸凹起伏，能够记录砖石上的墨线和色彩，是高质量的图像记录中不可缺失的环节。线图可以着重、清晰地描绘物像的造型和轮廓，同时作为一种阐释的方法，可以展示、考察、记录研究者对图像的辨识和推证。采取线图、照片、拓片相结合的途径记录画像砖石，可相互取长补短，较为完备。

帛画、壁画和器物纹样一般采用照片和线图。

其他立体图像采用照片、三维计算机图形、平面图和各种推测性的复原图及局部线图。组合图与其他图表的使用，在多部组合关系明确的情况下，一般会给出组合图加以标明，用线描图呈现；在多部组合而关系不明确的情况下则或缺存疑。其他测绘图、剖面图、平面图以及相关列表等均根据需要，随著录列出，视为一种图解性质的"说明"。[2]

3. 图片说明

图片说明分为两个部分。其一是关于图片的基本信息，归入"4. 图像数据"中说明；其二是对于图像内容的描述。描述古代图像时，基于古今处在不同的观念体系中的这一个基本前提，采取不同方式判定图像。

3.1 尝试还原到当时的概念中给予解释[3]，在此方向下通常有两种途径。

3.1.1 检索古代文献中与图像对应的记载或描述，作出判定。但现存的问题，一是并非所有图像都能在文献中找到相应的记载或解释，即缺乏完备性；二是这种对应关系是人为赋予的，文献

---

[2] 根据编辑需要，在材料和技术允许的情况下，会给出部分组合关系图。由于编辑过程受到各种条件的限制，尽其努力也无法解决全卷缺少部分原石图、拓片、线图的情况，或者极个别原石尺寸不齐的情况，目前保持阙如，待今后在补遗卷中争取弥补。

[3] 任何方式中我们都不可能完全脱离今人的认识结构这一立足点，不可能清除解释过程中"我"的存在，难以避免以今人的观念结构去驾驭古代的概念。完全回到当时当地观念中去只是设想。解释策略决定了解释结果。在第一种方式中，我们的目的不是把自己置换到古人的处境中去体验，而是去认识古人所用概念及其间结构关系。

与图像并不存在必然的联系，且不同研究者可能做出不同的判断[4]；三是现存文献只是当时多种版本的一种，民间工匠制作画像石所依据的口述或文字版本未必与经过梳理的传世文献（多为正史、官方记录和知识分子的叙述）相符。

3.1.2 依据出土壁画上的题记、画像砖石上的榜题、器物上的铭文等出土文字材料，对相应图像做出判定，这种方式切近实况，能反映当时当地的用语，但是能找到对应题记的图像只占图像总体的一小部分。

3.2 在缺失文献的情况下，重构一种图像描述的方式——尽量类型化并具有明晰的公认性。如大量出现的独角兽，在尚不确定称其为"兕"还是"獬豸"时，便暂描述为独角兽，尽管现存汉代文献中可能无"独角兽"一词。同时，图像描述采取结构性方式，即先不做局部意义指定，而是在形状—形象—图画—幅面—建筑结构—地下地上关系—墓葬与生宅的关系—存世遗迹和佚失部分（黑箱）之间的关系等关系结构中，判定图像的性质或意义。尽管没有文字信息，图像在画面和墓葬中的位置和形相关系提供了考察其意义和功能的线索。

在实际图片说明中，上述两种方式往往并用。对图像的描述是在意识到这些问题的情况下展开的，部分指谓和用语延承了以往的研究，部分使用了新词，但都不代表对图像含义的最终判定，而只是一种描述。

4. 图像数据

图片的基本信息（诸如编号、尺寸、质地、时代、出土地、收藏单位等）实际上是图像数据库的一个简明提示。收入的汉画相关信息通过数据库的方式著录，其中包括画像石编号、拓片号、原石照片编号、原石尺寸[5]、画面尺寸、画面简述、时代、出土时间、征集时间、出土地[6]、收藏单位、原收藏号、原石状况（现状）、所属墓葬编号[7]、组合关系、著录与文献等项。文字、质地、色

---

[4] 关于此前题材判定和分类的方法和问题，参见盛磊《四川汉代画像题材类型问题研究》，硕士学位论文，北京大学，2002年。

[5] 原石尺寸的单位均为厘米，书中不再标识。

[6] 出土与征集的区分以是否经过科学发掘为界，凡经正式发掘（无论考古报告发表与否）均记为出土，凡非正式发掘（即使有明确出土地点和位置）均记为征集。

[7] 所属墓葬因发掘批次和年代各异，故记为发掘时间加当时墓葬编号，如1981M3表示党家沟1981年发掘的第3号墓葬。

彩、制作者、订件人、所在位置、相关器物、鉴定意见、发现人中有可著录者，均在备注项中列出。画像石墓表包括墓葬所在地、时代、墓葬所处地理环境、封土情况、发现和清理发掘时间、墓向、墓葬形制、随葬器物、棺椁尸骨、画像石装置，发现人、发掘主持人也在备注项中注出。建立数据库的目的和价值在于对数据库中的所有记录进行检索、比较、统计、分析，以期达到研究的完备性和规范性。[8]

5. 文献目录

文献目录列出一个区域（指对汉画集中地区的归纳，如陕北、南阳、徐州、四川等，多根据汉画研究的分区，而非严格的行政区划）有关汉画内容的古文献、研究论著和论文索引，并附内容提要。在每件汉画著录中列专项注出其相关研究文献。

6. 索引

按主题词和关键词建立索引项，待全部工作结束之后，做成总索引。因为《汉画总录》的分卷编辑虽然是按现在保管地区为单位齐头并进，但各种图像材料基本按出土地点各归其所，所以地名部分不出分卷索引，只在总索引中另行编排。

朱青生

北京大学历史学系艺术史教研室

北京大学汉画研究所

2006 年 7 月 31 日

---

[8] 对于存在大量样本和繁杂信息的研究对象，数据库的应用是有效的。在考古类型学中，传统的制表耗费时力，且不便记忆和阅读，细碎的分类常有割裂有机整体之弊。《汉画总录》的设想是：（1）无论已有公论还是存疑的图像，一律不沿用旧有的命名及在此基础上的分类，而按一致的规范和方法记录；（2）扩大图像信息的范畴，全面记录相关要素，包括出土状况（发掘/清理/收集）、发现人、出土时间、出土地点及其所属古代区划、画像材质、尺寸、所属墓葬形制、画像位置、随葬器物及其位置、画像保存状况、铭文、已有断代、画像资料出处、相关图片、相关研究、收藏地等。图像则记录单位图像的位置及其间的组合情况；（3）利用数据库，按不同线索和层次对图像信息进行查询、检索，根据统计结果作出判断。

目　录

前　言

目前全国画像石的分布区域，大致划定了四个大区，陕北为其一。按照今天的行政区划，陕北应包括延安、榆林两个地区。早在 20 世纪 20 年代发现郭季妃夫妇合葬墓画像石以来，榆林地区所辖的十二个县中，绥德、米脂、神木、榆阳区、靖边、横山、子洲、清涧、吴堡等地不断发现画像石，截至目前，数量已逾 1200 块。北部相邻的内蒙古地区壁画墓的发现和少量的画像石出土，说明画像石的流行地域已经北至内蒙古包头一带。[1] 东南部隔黄河相望的山西省晋西北离石地区大量和陕北画像石风格相一致的画像石的发现，均打破了今天关于"陕北"的行政区划。而南部与榆林毗连区划属于"陕北"的延安地区却至今未见有汉代画像石出土的报道。

汉代的上郡、西河、朔方等郡同属并州。上郡辖地极广，东部已过黄河，西部至梁山山脉，北部跨越圁水直至无定河流域，南部尽桥山包括了延安地区的部分地域。西河郡本魏地，战国末并入秦。大致范围在今内蒙古伊克昭盟、榆林市、晋西北地区。顺帝永和五年（公元 140 年）汉王朝迫于匈奴的军事威胁，将西河郡治所由内蒙古的平定迁至今山西省离石县。今陕北榆林地区和山西省吕梁地区、内蒙古中南部部分地区分别是上郡和西河郡的辖地，画像石就出在汉代上郡和西河郡的辖地范围内。因此，目前，不论从汉代郡县的格局和范围，还是从今天的行政区划来看，加上画像石出土情况的佐证，"陕北画像石"这一习惯性称谓显然不准确，以行政区划分别称之"榆林地区画像石"、"晋西北画像石"、"伊克昭盟画像石"较为合适。

榆林地区画像石墓主要分布在盛产石板的汉代郡县设置地的周围，即今无定河流域的绥德、米脂、子洲、清涧、吴堡县，突尾河流域的神木县，位于长城沿线，又在无定河流域的榆阳区、横山、靖边三县均有发现。神木县大保当、乔岔滩，榆阳区麻黄梁、红石桥的画像石出土地，已跨越长城以外。画像石中狩猎题材的画面，头戴胡帽、身着异服、脚蹬筒靴的牵驼人，舞者，技击者形象，墓葬中以狗、羊、鹿杀殉的习俗，残留的随葬器物铜马具、带扣等，明显具有匈奴文化特征；肩部篆刻"羌"字的陶罐，明显反映了羌人的遗风。这些实物资料对于研究古代北方多民族聚居的大概情形弥足珍贵。

秦汉时期，上郡、西河郡均为边郡之地，屯兵必多，加上移民实边的人数增加，促进了这一带的农牧业、手工业和商业的大发展，随之产生了众多大地主、大牧主、经商富户，还有那些成边的将士，他们或者富甲一方，或者权势赫赫，在盛产石板的上郡、西河郡的辖地范围内，众多权势之流、富豪之辈，争相效仿，营造规格相对较高的画像石墓的群体逐渐形成，用画像石装饰

---

[1]　《包头发现汉代彩绘画像石墓》，载《美术观察》2008年第11期，34页。

墓室的葬俗便风行起来。绥德县黄家塔、四十里铺、延家岔，米脂县官庄，神木县大保当均有大的画像石墓葬群遗存。从铭刻文字的纪年石看，黄家塔、官庄同一墓地近距离内出土的多块铭刻王姓、牛姓的铭文，可证明是王氏、牛氏家族墓地。依据墓葬的排列形式、布局、墓室内的遗存，结合铭刻的文字内容，对于研究家族墓地形成的时代以及家族辈分之间的承袭关系都是不可多得的实物佐证。

汉代上郡、西河郡一带一定有些享誉一时的能工巧匠，绥德黄家塔辽东太守墓出土的画像石上铭刻的"巧工王子、王成"就是其中的代表。神木大保当、绥德郝家沟、榆阳区麻黄梁出土的画像石上，形制规格完全相同的长方形印记，是否就是当时某个活跃在从神木到绥德数百里地域内的知名匠师或石工作坊的标识，也是我们探索诸如区域性艺术和不同工匠的技术水平、传统特色的实物依据。

榆林地区画像石产生、盛行的时代背景（包括政治、经济、文化、观念和习俗），与其他地区画像石的源流关系、地域性差异，制作画像石的匠师、石工的组合及流派，使用格套模本的制作习惯、地域习惯和流行风气等因素所起的作用，同一题材的单元在画像石中的应用、同一题材的画像石在墓室设放的位置，特定区域不同时期的画像题材、技法和风格变化，等等，都是有待进一步追索的课题。

《汉画总录》1-10卷采用数据库方式著录目前所能收集到的画像石的原石照、拓片和线描图，编辑时不对所见材料做任何刻意诠释，而是作为对榆林地区画像石进行整体性观察和研究的较为全面的基础样本。

《汉画总录》编辑部

米脂县官庄 2005 年 M3 墓门面五石组合
SSX-MZ-022-01—SSX-MZ-022-05

编号	SSX-MZ-022-01
时代	东汉
原收藏号	
出土地	米脂县官庄
原石尺寸	36×181×（5.5-8）
画面尺寸	31 5×157.5
质地	砂岩
原石情况	右下边缘有一处伤残。左侧面呈毛石状。上、下侧面平整。
所属墓群	2005 年 M3
组合关系	门楣石，与左、右门柱，左、右门扉为墓门面五石组合。
画面简述	画面分为内、外两栏。外栏刻画卷云纹，是为边饰。左右两端的边饰没有突起的条棱间隔。右边饰由于内栏一物像占用空间，仅刻出一部分。内栏刻绘车骑出行图。二辆轺车的车轮、车厢及马套驾的构件等用细墨线勾画。轺车内乘者头戴进贤冠，身穿黑色交领袍服。人物五官面部墨彩勾绘的痕迹依稀可见。御者亦戴冠，着袍，双手牵执缰绳，缰辔等以墨线绘画。驾车的马双眼画两个红色圆圈表示，红彩点睛，绘马舌，尾末端也以朱色涂绘。轺车后跟随一辆骈车，驭手戴平顶帽，一手牵缰，一手举鞭。驾马飞奔。画面的左端刻二人，头戴进贤冠，身穿宽袖长袍，并排站立，双手举笏（牍）恭迎宾客。前车后有导从四人，皆戴进贤冠，身跨骏马，紧随车队，其中二人手持弓弩。画面下方边棱两端对称刻二鸟，相向站立，鸟喙、眼睛朱色涂绘。
著录与文献	榆林市文物保护研究所、榆林市文物考古勘探工作队编著：《米脂官庄画像石墓》，北京：文物出版社，2009 年，96 页，图一〇四，彩版五六。
出土/征集时间	2005 年出土
收藏地	米脂县博物馆

编号	SSX-MZ-022-02
时代	东汉
原收藏号	
出土地	米脂县官庄
原石尺寸	130×43.5×(6.5-9)
画面尺寸	107×29.5
质地	砂岩
原石情况	石面下部边廓有錾刻痕。
所属墓群	2005 年 M3
组合关系	左门柱，与门楣石，右门柱，左、右门扉为墓门面五石组合。
画面简述	画面分为上、下两段，之间的隔棱因下格物像的需要在中部上下错位。上段分为内、外两栏。外栏刻卷云鸟兽纹，与门楣石左端边饰连接。内栏分为上、下两格。上格刻西王母戴胜着袍，高坐神树（台）之顶，头顶上蔽罩华盖。两梳髻侍女屈膝半蹲，举手托起华盖下的络缨，侍奉西王母于左右。神树树干间，左有一兽站立；右有一兽抬腿，向右而行。下格刻绘一戴武弁大冠、身穿长袍的门吏，手执牍（笏），身佩长剑，面门而立。门吏的五官、冠帽、胡须勾绘涂黑。牍板、剑身以及剑首下方袍服外伸出钩状物，涂染红彩。底格刻二戴鹤冠的羽人并排屈膝弓步，举左手伸右臂，居前的羽人手中举灵芝仙草。迎面而来的麒麟下刻一玄武和虎向右行走。
著录与文献	榆林市文物保护研究所、榆林市文物考古勘探工作队编著：《米脂官庄画像石墓》，北京：文物出版社，2009 年，97 页，图一〇五，彩版五八，1。
出土/征集时间	2005 年出土
收藏地	米脂县博物馆

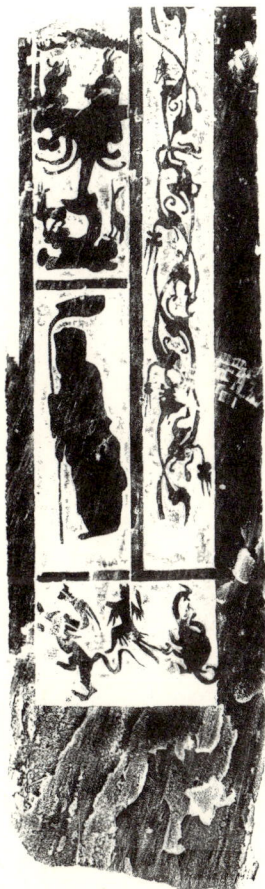

编号	SSX-MZ-022-03
时代	东汉
原收藏号	
出土地	米脂县官庄
原石尺寸	140×43.5×(8-9)
画面尺寸	112.5×30
质地	砂岩
原石情况	左上角残。
所属墓群	2005 年 M3
组合关系	左门柱，与门楣石，右门柱，左、右门扉为墓门面五石组合。
画面简述	画面分为上、下两格，上格分内、外两栏。外栏为卷云鸟兽纹，是为边饰。内栏上格仙人头戴山形冠面而坐，面前一侍者单屈膝跪，双手捧一（不明）物进献，两人头顶有华盖遮蔽。下格刻戴拥彗门吏戴平巾帻，身穿长襦大袴，双手执彗面门而立。底部刻一翼龙，一玄武，一羽人。
著录与文献	榆林市文物保护研究所、榆林市文物考古勘探工作队编著：《米脂官庄画像石墓》，北京：文物出版社，2009 年，98 页，图一○七。
出土/征集时间	2005 年出土
收藏地	米脂县博物馆

编号	SSX-MZ-022-04
时代	东汉
原收藏号	
出土地	米脂县官庄
原石尺寸	52×47×(5-6.5)
画面尺寸	45×33.5
质地	砂岩
原石情况	上半截残佚。
所属墓群	2005 年 M3
组合关系	左门扉，与门楣石，左、右门柱，右门扉为墓门面五石组合。
画面简述	朱雀、铺首衔环、独角兽。下部独角兽的眼睛、鼻、耳及颈部披毛等以墨线勾画。
著录与文献	榆林市文物保护研究所、榆林市文物考古勘探工作队编著：《米脂官庄画像石墓》，北京：文物出版社，2009 年，99 页，图一〇九，彩版六〇，1。
出土/征集时间	2005 年出土
收藏地	米脂县博物馆

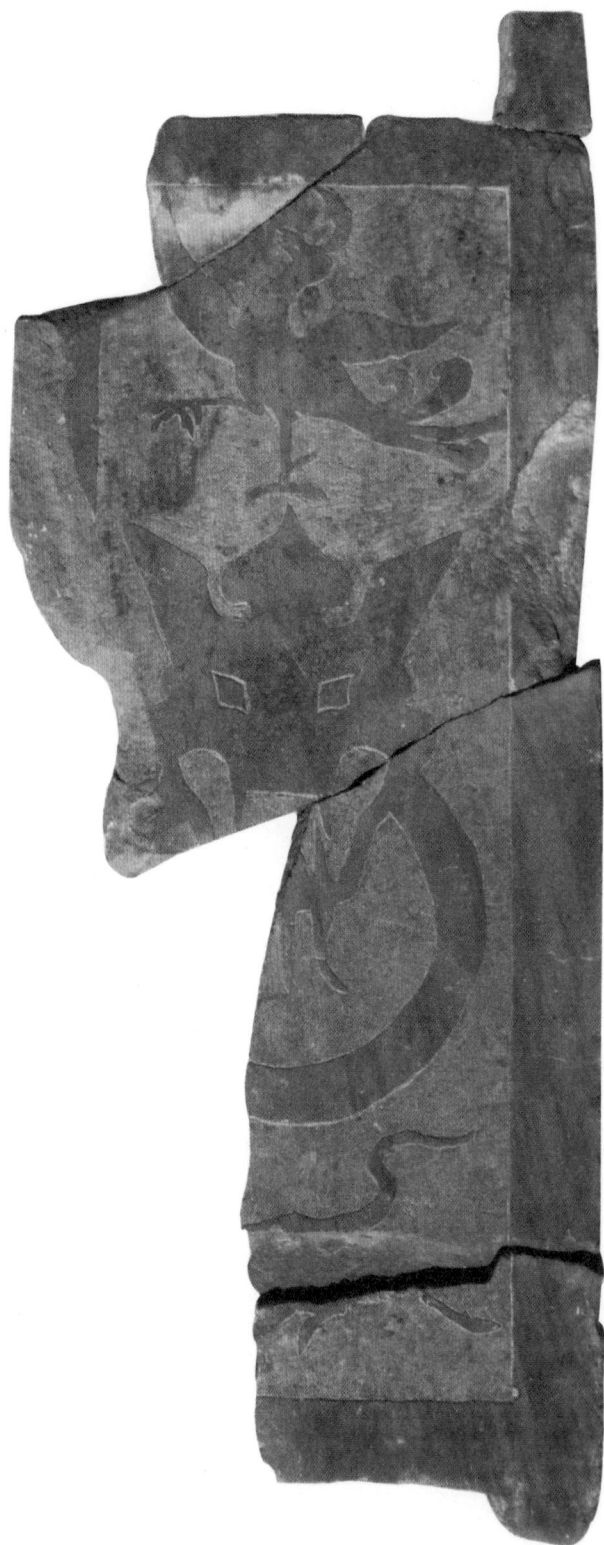

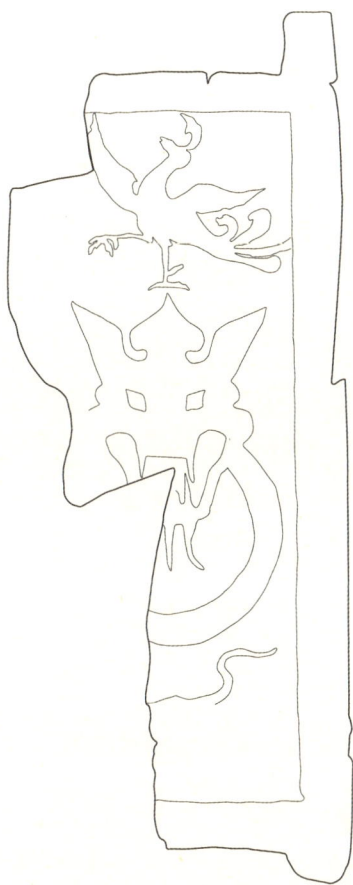

编号	SSX-MZ-022-05
时代	东汉
原收藏号	
出土地	米脂县官庄
原石尺寸	103.5×47×4.5
画面尺寸	92×32.5
质地	砂岩
原石情况	残存的四石块
所属墓群	2005 年 M3
组合关系	右门扉，与门楣石，左、右门柱，左门扉为墓门面五石组合。
画面简述	朱雀、铺首衔环、独角兽。上部朱雀昂首振翅，翩然欲飞；中部刻铺首，暴齿衔环；下部独角兽，仅存尾和后腿部分。
著录与文献	榆林市文物保护研究所、榆林市文物考古勘探工作队编著：《米脂官庄画像石墓》，北京：文物出版社，2009 年，100 页，图一一一，彩版六〇，2。
出土/征集时间	2005 年出土
收藏地	米脂县博物馆

编号	SSX-MZ-022-06
时代	东汉
原收藏号	
出土地	米脂县官庄
原石尺寸	23.5 × 23.5 × 12.5
画面尺寸	
质地	砂岩
原石情况	
所属墓群	2005 年 M3
组合关系	顶心石，在前室顶部。
画面简述	画面中央阳刻一圆，涂红彩，圆周与底面正方形四角对应处阳刻柿蒂纹。边缘轮廓朱色勾画，叶脉红彩点染。圆内黑彩涂绘金乌。
著录与文献	榆林市文物保护研究所、榆林市文物考古勘探工作队编著：《米脂官庄画像石墓》，北京：文物出版社，2009 年，102 页，图一一四，彩版六〇，3。
出土/征集时间	2005 年出土
收藏地	米脂县博物馆

米脂县官庄 2005 年 M3 墓室前室北壁三石组合
SSX－MZ－022－07—SSX－MZ－022－09

编号	SSX-MZ-022-07
时代	东汉
原收藏号	
出土地	米脂县官庄
原石尺寸	35.5×300×7.5
画面尺寸	32.5×263.5
质地	砂岩
原石情况	断为两截。左上角残为圆弧形，右下边缘伤残。石面上有径3厘米的圆形褐色石疵。
所属墓群	2005年M3
组合关系	横楣石，与左、右边柱为墓室前室北壁三石组合。

画面简述　画面内容分为内、外栏。外栏左、右两栏上分别阴刻一圆。右圆涂朱，当为日轮，左圆为月轮。月轮下方刻一虎，向右行走。右轮下方为边饰。内为卷云纹，下端刻一深目高鼻、戴尖顶高帽的胡人，屈膝倒跪于马背上。外为枝柯纹。

日月轮间刻绘有独角兽端龙、龙首、奔跑的小兽、龙、凤、犬等。下栏为车骑出行狩猎图，画面左端刻一深目是射网之势。画面中间刻一轺车，车内御者和乘者均藏进贤冠，穿长襦衣，双臂前伸，呈用力撒射猎场面。马后有苍鹰攫兔。随后有二猎手戴帻，一猎手倒坐马背，右手持灵芝仙草弓步作持献状。前二麒麟抬足相背而行。画面右段刻划一羽人，屈膝跪、右手逃奔的群鹿。一羊、羊角弯曲连至脑后。画面右端一怪兽，口中含丹，面左行走，面前怪兽手臂前伸，翼龙下方刻部位较为清晰。画面空白处填静立的长尾鸟和飞鸟。尤以动物口舌、龙口中含丹等

著录与文献　榆林市文物保护研究所，榆林市文物考古勘探工作队编著：《米脂官庄画像石墓》，北京：文物出版社，2009年，104页，图一一六，彩版六一。

出土/征集时间　2005年出土。

收藏地　米脂县博物馆

编号	SSX-MZ-022-08
时代	东汉
原收藏号	
出土地	米脂县官庄
原石尺寸	134.5×59×(5-7.5)
画面尺寸	103×39.5
质地	砂岩
原石情况	上窄下宽，左、下侧面呈毛石状。
所属墓群	2005 年 M3
组合关系	左边柱，与横楣石、右边柱为墓室前室北壁三石组合。
画面简述	画面分为上、下两格。上格分为内、外两栏。外栏为云气纹，其间穿插龙首和飞禽走兽。之下刻二吏，头戴进贤冠，身穿宽袖长袍，双手举牍板面门站立。内栏分为上、下两格。上格刻西王母戴胜，坐于神树（台）之巅，二侍者举臂托承西王母头顶华盖下垂的络缨立侍左右。神树（台）左侧刻羽人，左脚蹬着在枝干，右腿曲蹲。一兽从枝干上露出上半身，树下一鹿面左作奔跑状。下格刻戴武弁、穿宽袖长袍的门吏，挂剑执牍，面门恭立，剑首下方袍服外也露出细长弯钩状饰物。底格刻一骈车御者牵辔举策，驾马疾奔。车后一从骑。戴进贤冠，紧随骈车。
著录与文献	榆林市文物保护研究所、榆林市文物考古勘探工作队编著：《米脂官庄画像石墓》，北京：文物出版社，2009 年，107 页，图一二一，彩版六三，1。
出土/征集时间	2005 年出土
收藏地	米脂县博物馆

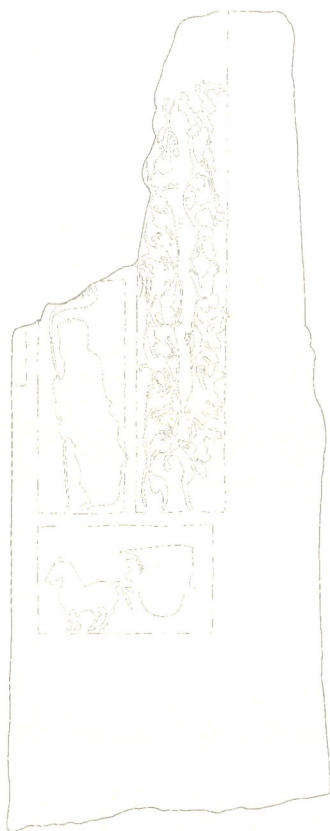

编号	SSX-MZ-022-09
时代	东汉
原收藏号	
出土地	米脂县官庄
原石尺寸	143×59×7
画面尺寸	110.5×33.5
质地	砂岩
原石情况	左上部残缺，下侧面呈毛石状。
所属墓群	2005 年 M3
组合关系	右边柱，与横楣石、左边柱为墓室前室北壁三石组合。
画面简述	画面分为上、下两格，上格分为内、外两栏。外栏刻绘云气纹，内栏仅见下部一执彗门吏，头戴平巾帻、穿长袍，双手拥彗，面门恭立。底格刻一辇车停立，车前有御者。
著录与文献	榆林市文物保护研究所、榆林市文物考古勘探工作队编著：《米脂官庄画像石墓》，北京：文物出版社，2009 年，108 页，图一二三，彩版六三，2。
出土/征集时间	2005 年出土
收藏地	米脂县博物馆

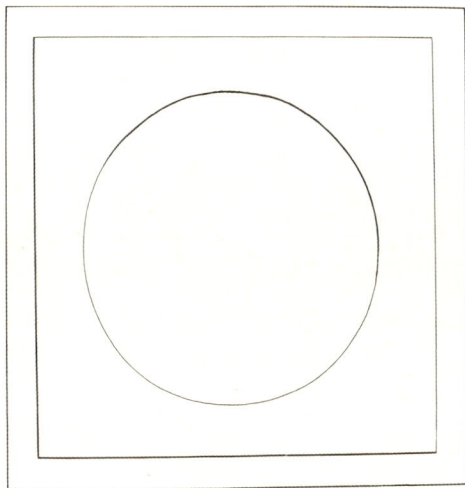

编号	SSX-MZ-023
时代	东汉
原收藏号	0735 B0057
出土地	米脂县官庄
原石尺寸	25×24×11
画面尺寸	24×24
质地	砂岩
原石情况	背面欠平整。上、下、左、右侧面平整,凿斜条纹。
所属墓群	
组合关系	墓室顶心石
画面简述	素面方框内阳刻一圆。
著录与文献	未发表
出土/征集时间	
收藏地	米脂县博物馆

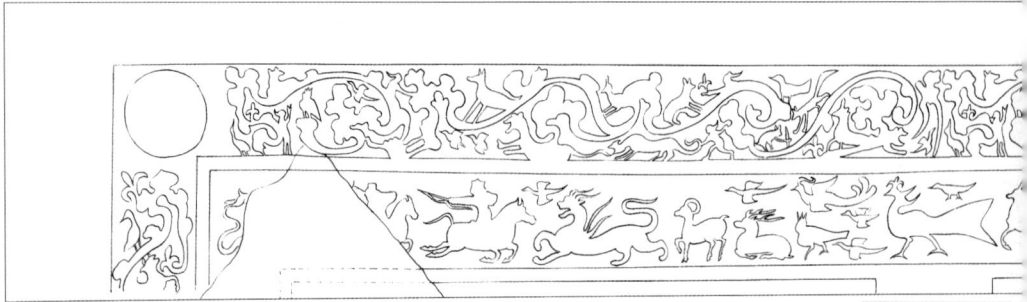

米脂县蒋沟村墓室前室后壁四石组合
SSX-MZ-024-01——SSX-MZ-024-04

编号	SSX-MZ-024-01
时代	东汉
原收藏号	0862 B0101-1
出土地	米脂县蒋沟村
原石尺寸	308×44×11
画面尺寸	256×33
质地	砂岩
原石情况	背面平整。上侧面平整，有人字纹。下侧面为残断面。左侧面平整，有人字纹。右侧面平整。
所属墓群	
组合关系	横楣石，与左、右门柱，中柱石为墓室前室后壁四石组合。
画面简述	画面分内、外两栏。外栏为卷云鸟兽纹，两端各阳刻一圆，象征日、月。云气间有鹿、仙人一手上举、人面鸟、长发仙人、飞鸟、鹿，一虎在前，一猛兽衔其尾，猛兽的长尾又被一垂发羽人拽着，鹿、长发仙人饲鹿、三足鸟、玉兔捣药、狐、麒麟、一兽。外栏左右两段画面完全相同，显为同一模板制作。内栏左、右两端为狩猎图。左端残留两反身拉弓的猎手，右端一猎手反身拉弓。瞄射一虎，旁一狐蹲于地。中间为瑞兽图。从左到右为双角翼龙、盘角羊、雄鹿卧伏、三角人面鸟、凤鸟、麒麟、有翼独角犀牛形兽、独角翼龙、麒麟、马。画面补白瑞草，飞鸟。
著录与文献	未发表
出土/征集时间	2001年征集
收藏地	米脂县博物馆

SSX-MZ-024-01（局部）

编号	SSX-MZ-024-02
时代	东汉
原收藏号	0862 B0101-2
出土地	米脂县蒋沟村
原石尺寸	109×51×12
画面尺寸	89×28
质地	砂岩
原石情况	背面平整，有褐色水纹。上侧面平整有凿纹，下侧面毛石状，左侧面毛石状。右侧面靠正面斜条纹，靠正面直条纹。
所属墓群	
组合关系	左门柱，与横楣石、右门柱、中柱石为墓室前室后壁四石组合。
画面简述	画面分上、下两格，上格分内、外两栏。外栏为卷云鸟瑞兽图，卷云间有翼长尾兽、立鸟、六足兽（？）、羽人手按虎形兽、三角鹿形兽、熊、鸟。内栏为仙山神树上东王公（或西王母）端坐，左右有玉兔、羽人跪侍。树干间有倒照鹿、狐、飞鸟、瑞草。下栏一门卒头戴帻巾，身着长襦大袴，双手拥彗，面门站立。下格为玄武。
著录与文献	未发表
出土/征集时间	2001 年征集
收藏地	米脂县博物馆

编号	SSX-MZ-024-03
时代	东汉
原收藏号	0862 B0101-3
出土地	米脂县蒋沟村
原石尺寸	112×50×11
画面尺寸	89×29
质地	砂岩
原石情况	背面平整；上侧面欠平整；下侧面呈毛石状；左侧面平整，凿规整人字纹；右侧面呈毛石状。
所属墓群	
组合关系	右门柱，与横楣石、左门柱、中柱石为墓室前室后壁四石组合。
画面简述	画面分上、下两格，上格分内、外两栏。外栏为卷云鸟瑞兽图，卷云间有翼长尾兽、立鸟、六足兽（？）、羽人手按虎形兽、三角鹿形兽、熊、鸟。内栏上部为仙山神树上仙人（西王母？）端坐，左右有玉兔、羽人跪侍。树干间有、长尾狐、飞鸟、瑞草。下部一门卒头戴帻巾，身着长襦灯笼裤，双手拥彗，面门站立。下格为玄武。
著录与文献	未发表
出土/征集时间	2001 年征集
收藏地	米脂县博物馆

编号	SSX-MZ-024-04
时代	东汉
原收藏号	0862 B0101-4
出土地	米脂县蒋沟村
原石尺寸	118×23×11
画面尺寸	96×14
质地	砂岩
原石情况	背面平整，上侧面平整，凿不规则条纹。下侧面毛石状。左、右侧面平整，靠正面处凿斜条纹。
所属墓群	
组合关系	中柱石，与横楣石，左、右门柱，为墓室前室后壁四石组合。
画面简述	画面分上、下两格。上格自上而下为一人戴进贤冠，着袍，侧身站立，面前有羽人献瑞草、仙兔捣药、两马停立、双鸭。下格左虎右龙，相对并置。
著录与文献	未发表
出土/征集时间	2001 年征集
收藏地	米脂县博物馆

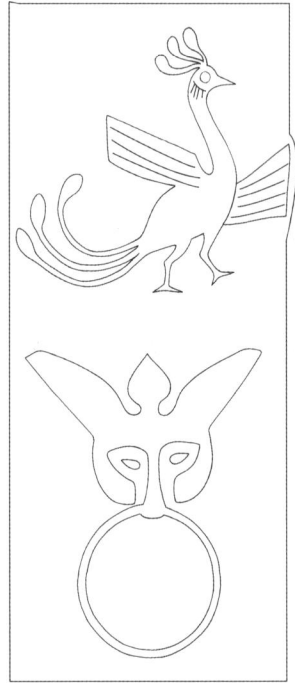

米脂县蒋沟村墓门面五石组合
SSX-MZ-025-01—SSX-MZ-025-05

编 号	SSX-MZ-025-01
时 代	东汉
原收藏号	0863 B0102-1
出土地	米脂县蒋沟村
原石尺寸	199×36×13
画面尺寸	156×31
质 地	砂岩
原石情况	上侧面平整，凿细条纹。左侧面呈毛石状，右侧面平整。下侧面平整，凿条纹。
所属墓群	
组合关系	门楣石，与左、右门柱，左、右门扉为墓门五石组合。
画面简述	画面分为三栏。分别由半菱形、"S"形、菱形连续组合成几何图案。
著录与文献	未发表
出土/征集时间	2001 年征集
收藏地	米脂县博物馆

编号	SSX-MZ-025-02
时代	东汉
原收藏号	0863 B0102-2
出土地	米脂县蒋沟村
原石尺寸	115×33×14
画面尺寸	107×30
质地	砂岩
原石情况	背面欠平整。上侧面平整,凿细条纹。下侧面呈毛石状。左侧面平整,凿细条纹。右侧面平整,有点状凿痕。
所属墓群	
组合关系	左门柱,与门楣石,右门柱,左、右门扉为墓门面五石组合。
画面简述	画面分为上、下两格。上格分为三栏,分别由半菱形、"S"形、菱形连续组合成几何图案,与门楣的图案相衔接。下格为一玄武,龟壳上阴刻龟背纹。
著录与文献	未发表
出土/征集时间	2001 年征集
收藏地	米脂县博物馆

编号	SSX-MZ-025-03
时代	东汉
原收藏号	0863 B0102-3
出土地	米脂县蒋沟村
原石尺寸	114×32×13
画面尺寸	108×29
质地	砂岩
原石情况	背面欠平整。上侧面平整,凿细条纹。下侧面呈毛石状。左侧面平整,凿细条纹。右侧面平整,有点状凿痕。
所属墓群	
组合关系	右门柱,与门楣石,左门柱,左、右门扉为墓门面五石组合。
画面简述	画面分为上、下两格。上格分为三栏,分别由半菱形、"S"形、菱形连续组合成几何图案,与门楣的图案相衔接。下格为一玄武,龟壳上阴刻龟背纹。
著录与文献	未发表
出土/征集时间	2001 年征集
收藏地	米脂县博物馆

编号	SSX-MZ-025-04
时代	东汉
原收藏号	0863 B0102-4
出土地	米脂县蒋沟村
原石尺寸	119×60×5
画面尺寸	79×34
质地	砂岩
原石情况	背面上部凹凸不平,下部平整。上侧面平整,凿斜条纹,右端有一个3厘米深的楔口。下侧面凿斜条纹和人字纹。左侧面凿不规则斜条纹。右侧面平整。
所属墓群	
组合关系	左门扉,与门楣石,左、右门柱,右门扉为墓门面五石组合。
画面简述	朱雀、铺首图。朱雀的眼睛、双翅阴线刻出羽线。铺首的眼睛阴刻。环非口衔,而是从鼻孔穿过。
著录与文献	未发表
出土/征集时间	2001 年征集
收藏地	米脂县博物馆

编号	SSX-MZ-025-05
时代	东汉
原收藏号	0863 B0102-5
出土地	米脂县蒋沟村
原石尺寸	118×53×5
画面尺寸	78×33
质地	砂岩
原石情况	背面平整。上侧面平整，有凿痕，左端有一个3厘米深的楔口。下侧面平整，有斜条纹。左侧面平整，有细斜条纹，呈斜面（当地称下马蹄面）。右侧面有不规则条纹。
所属墓群	
组合关系	右门扉，与门楣石，左、右门柱，左门扉为墓门面五石组合。
画面简述	朱雀、铺首衔环。朱雀的眼睛、双翅的羽线阴线刻出。铺首的眼睛阴刻。环从鼻孔穿过。
著录与文献	未发表
出土/征集时间	2001年征集
收藏地	米脂县博物馆

编号	SSX-MZ-026-01
时代	东汉
原收藏号	0865 B0104-1
出土地	米脂县李站
原石尺寸	111×35×4
画面尺寸	95×29
质地	砂岩
原石情况	背面欠平整。上侧面平整，凿细斜条纹。下侧面有凿痕。左侧面两边凿斜条纹，中间凿人字纹。右侧面呈毛石状。
所属墓群	
组合关系	左门柱，与右门柱组合，其他不详。
画面简述	画面分为内、外两栏。外栏为图案化的卷云纹，其中穿插着植物纹，类似瑞草。内栏由菱形纹与半菱形纹交错组合为几何纹图案。
著录与文献	未发表
出土/征集时间	2001 年征集
收藏地	米脂县博物馆

编号	SSX-MZ-026-02
时代	东汉
原收藏号	0865 B0104-2
出土地	米脂县李站
原石尺寸	110×35×5
画面尺寸	95×29
质地	砂岩
原石情况	背面欠平整。上侧面平整，凿细斜条纹。下侧面有凿痕。左侧面两边凿斜条纹，中间凿人字纹。右侧面成毛石状。
所属墓群	
组合关系	右门柱，与左门柱组合，其他不详。
画面简述	画面分为内、外两栏。外栏为图案化的卷云纹，其中穿插着类似瑞草的植物纹。内栏由菱形纹与半菱形纹交错组合为几何纹图案。
著录与文献	未发表
出土/征集时间	2001 年征集
收藏地	米脂县博物馆

编号	SSX-MZ-027-01
时代	东汉
原收藏号	0869 B0108
出土地	米脂县李站
原石尺寸	205×38×15
画面尺寸	153×31
质地	砂岩
原石情况	上、左、右侧面毛石状。下侧面平整，有斜条纹。
所属墓群	
组合关系	门楣石，与左、右门柱，左、右门扉为墓门面五石组合。
画面简述	画面分内、外两栏。外栏为云气禽兽纹。左、右两端各阳刻圆形，象征日、月。云气间穿插或立或奔走的动物。内栏为出行图，前有一荷戟骑吏前导，后有敞篷牛车，上坐三人，驭者戴笠扬鞭，另两人昂首乘坐。车后随行一人露髻，身着短襦大裤，荷戟步行。之后为一敞篷马车，驭者光头，一手扬鞭，策马而行。乘坐的两人中一人有胡须飘起，显为老者。车后相随一人露髻，身着短襦大裤，背弓佩箭囊。其后一人骑马随行。
著录与文献	未发表
出土/征集时间	2001 年征集
收藏地	米脂县博物馆

SSX-MZ-027-01（局部）

编号	SSX-MZ-027-02
时代	东汉
原收藏号	0866 B0105
出土地	米脂县李站
原石尺寸	121×35×7
画面尺寸	95×29
质地	砂岩
原石情况	背面平整，有凹坑。上侧面有凿痕。下侧面呈毛石状。左侧面平整，凿细斜条纹。右侧面呈毛石状。
所属墓群	
组合关系	
画面简述	画面分为上、下两格。上格分为内、外两栏。外栏为卷云鸟兽纹，云纹中有一狐、一兔。上有一兽难以辨认，下有一虎。左上一人露髻，身着短襦大袴，张弓欲射。下有一虎。内栏上方为一朱鸟正面站立，下方为云头图案之下一形如博山炉的器物。下格为牛耕图，一棵树下，一人一手扬鞭，一手扶犁，驱赶着牛犁地。树枝间有飞鸟。
著录与文献	未发表
出土/征集时间	2001年征集
收藏地	米脂县博物馆

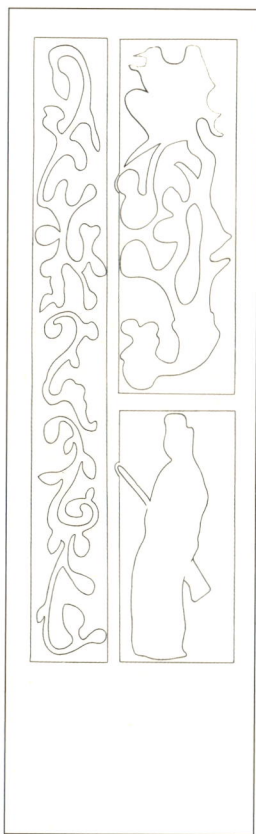

编号	SSX-MZ-028-01
时代	东汉
原收藏号	0871 B0110-1
出土地	米脂县李站
原石尺寸	114×36×9
画面尺寸	86×29
质地	砂岩
原石情况	背面凹凸不平。上侧面平整,凿斜条纹。下侧面呈毛石状。左、右侧面平整,凿斜条纹。
所属墓群	
组合关系	左门柱,与右门柱为组合。
画面简述	画面分为内、外两栏。外栏为云气纹。内栏分上、下两格。上格图样不明。下格一人戴冠着长袍,腰挂一上宽下窄的不明物。
著录与文献	未发表
出土/征集时间	2001 年征集
收藏地	米脂县博物馆

编号	SSX-MZ-028-02
时代	东汉
原收藏号	0871 B0110-2
出土地	米脂县李站
原石尺寸	115×37×10
画面尺寸	86×30
质地	砂岩
原石情况	背面平整。上、下侧面平整，凿细斜条纹。左侧面平整，凿粗斜条纹。右侧面平整，凿细条纹。
所属墓群	
组合关系	右门柱，与横楣石、左门柱为组合。
画面简述	画面分为内、外两栏。外栏为云气纹。内栏分上、下两格。上格图样不明。中部似树干，之间有动物出没。下格一人拥彗面门而立。
著录与文献	未发表
出土/征集时间	2001 年征集
收藏地	米脂县博物馆

编号	SSX-MZ-029-01
时代	东汉
原收藏号	0864 B0103-1
出土地	米脂县李站
原石尺寸	106×52×6
画面尺寸	82×37
质地	砂岩
原石情况	
所属墓群	
组合关系	左门扉，与门楣石，左、右门柱，左、右门扉为墓门面五石组合。
画面简述	朱雀、铺首衔环、奔虎。铺首的眼睛、眉毛、鼻、双耳和脸部的轮廓线均以阴线刻画。
著录与文献	未发表
出土/征集时间	2001 年征集
收藏地	米脂县博物馆

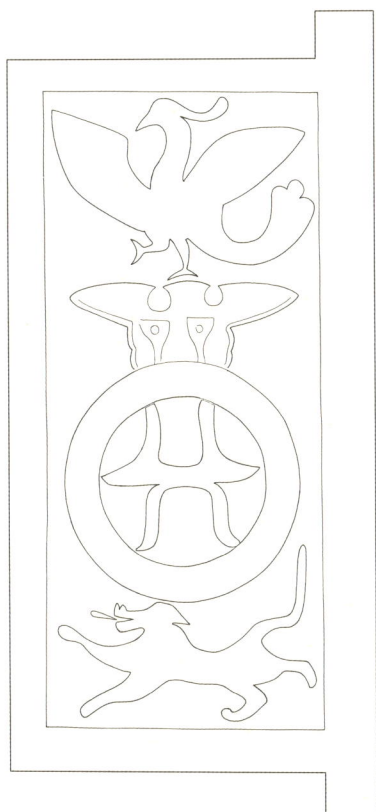

编号	SSX-MZ-029-02
时代	东汉
原收藏号	0864 B0103-2
出土地	米脂县李站
原石尺寸	115×51×5
画面尺寸	82×37
质地	砂岩
原石情况	背面大体平整,左上部有大块突起。上侧面平整,凿斜条纹。下侧面呈毛石状。左、右侧面较平整,凿斜条纹。
所属墓群	
组合关系	右门扉,与门楣石,左、右门柱,左门扉为墓门面五石组合。
画面简述	朱雀、铺首穿环、虎。朱雀眼睛、眉毛、鼻、双耳和脸部的轮廓线均以阴线刻画。
著录与文献	未发表
出土/征集时间	2001 年征集
收藏地	米脂县博物馆

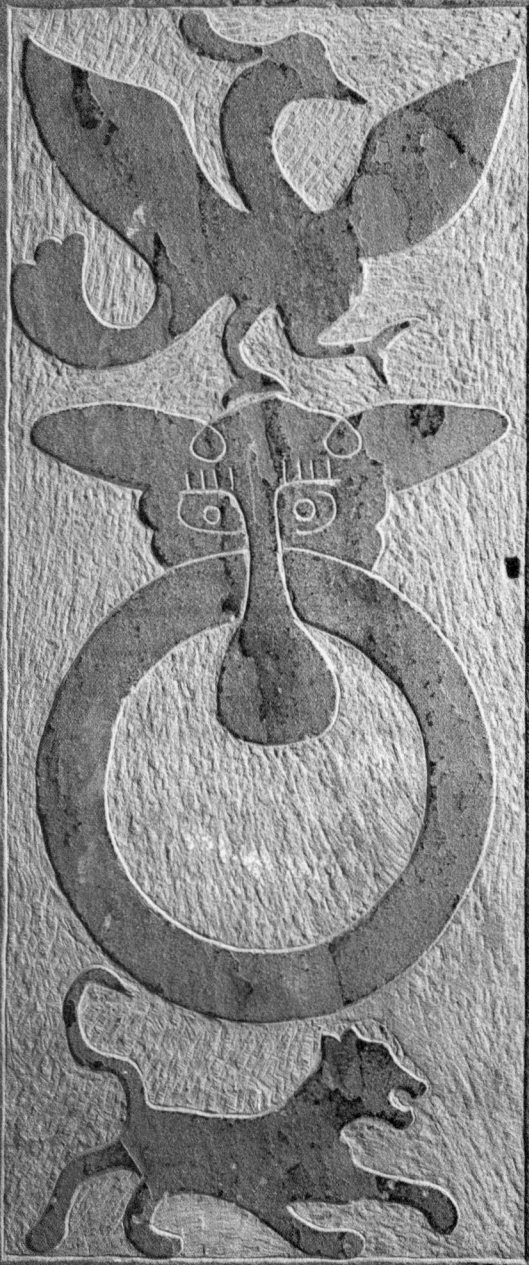

编号	SSX-MZ-030-01
时代	东汉
原收藏号	0867 B0106-1
出土地	米脂县李站
原石尺寸	103×51×4
画面尺寸	84×36
质地	砂岩
原石情况	背面大致平整，右上端有突起。上、下、左、右四个侧面都平整，凿斜条纹。
所属墓群	
组合关系	左门扉，与门楣石，左、右门柱，左、右门扉为墓门面五石组合。
画面简述	朱雀、铺首衔环、虎。铺首的眼睛、眉毛、鼻、双耳和脸部的轮廓线均以阴线刻画。
著录与文献	未发表
出土/征集时间	2001 年征集
收藏地	米脂县博物馆

编号	SSX-MZ-030-02
时代	东汉
原收藏号	0867 B0106-2
出土地	米脂县李站
原石尺寸	102×52×4
画面尺寸	84×36
质地	砂岩
原石情况	背面大致平整，中部有一小块突起。上、下、左、右侧面都平整，凿斜条纹。
所属墓群	
组合关系	右门扉，与门楣石，左、右门柱，左门扉为墓门面五石组合。
画面简述	朱雀、铺首穿环、虎图。铺首的眼睛、眉毛、鼻、双耳和脸部的轮廓线均以阴线刻画。
著录与文献	未发表
出土/征集时间	2001 年征集
收藏地	米脂县博物馆

编号	SSX-MZ-031
时代	东汉
原收藏号	0870 B0109
出土地	米脂县李站
原石尺寸	198×41×9
画面尺寸	166×31
质地	砂岩
原石情况	背面凹凸不平。上、下侧面平整,凿斜条纹。左、右侧面平整,凿斜条纹。
所属墓群	
组合关系	墓室某壁横楣石
画面简述	画面分为内、外两栏。外栏为云气枝柯纹,两端各阳刻一圆,象征日、月。内栏左右两端图像不明。图中两辆轺车,四名骑吏行进。在车骑行列中穿插有飞鸟和走兽。
著录与文献	未发表
出土/征集时间	2001 年征集
收藏地	米脂县博物馆

SSX-MZ-031（局部）

SSX-MZ-032（局部）

编号	SSX-MZ-032
时代	东汉
原收藏号	0872 B0111
出土地	米脂县李站
原石尺寸	205×45×9
画面尺寸	173×38
质地	砂岩
原石情况	背面平整。上、下侧面平整，凿斜条纹。左、右侧面呈毛石状。
所属墓群	
组合关系	墓室某壁横楣石
画面简述	画面分上、下两栏。上栏为云气禽兽纹，左端有一圆形盘，当为日或月。马、狐、龙、虎在云气纹间穿插。下栏为菱形纹。上、下栏之间以连续的波浪形曲线隔开。
著录与文献	未发表
出土/征集时间	2001 年征集
收藏地	米脂县博物馆

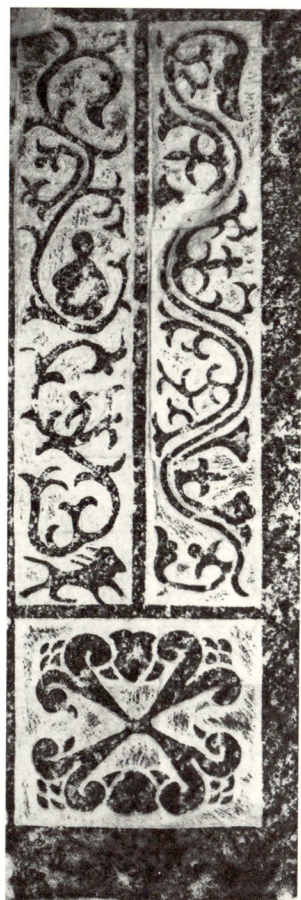

编号	SSX-MZ-033
时代	东汉
原收藏号	0874 B0113
出土地	米脂县李站
原石尺寸	108×37×7
画面尺寸	96×29
质地	砂岩
原石情况	背面平整。下侧面呈毛石状。左侧面平整，凿斜条纹。右侧面呈毛石状。
所属墓群	
组合关系	
画面简述	画面分上、下两格。上格分内、外两栏。左栏为云气禽兽纹，云气纹中段端坐一人，最下有一兽。右栏为卷云瑞草纹。下格为卷云纹组成的花团图案。
著录与文献	未发表
出土/征集时间	2001 年征集
收藏地	米脂县博物馆

编号	SSX-MZ-034
时代	东汉
原收藏号	0873 B0112
出土地	米脂县李站
原石尺寸	113×36×10
画面尺寸	89×31
质地	砂岩
原石情况	背面欠平整。上、左、右侧面平整，凿斜条纹。下侧面呈毛石状。
所属墓群	
组合关系	
画面简述	画面分内、外二栏。外栏为云气纹。内栏上方图像不明。下方为一门吏头戴帻，身着长襦大袴，执彗而立。
著录与文献	未发表
出土/征集时间	2001 年征集
收藏地	米脂县博物馆

米脂县尚庄墓门面五石组合
SSX-MZ-035-01—SSX-MZ-035-05

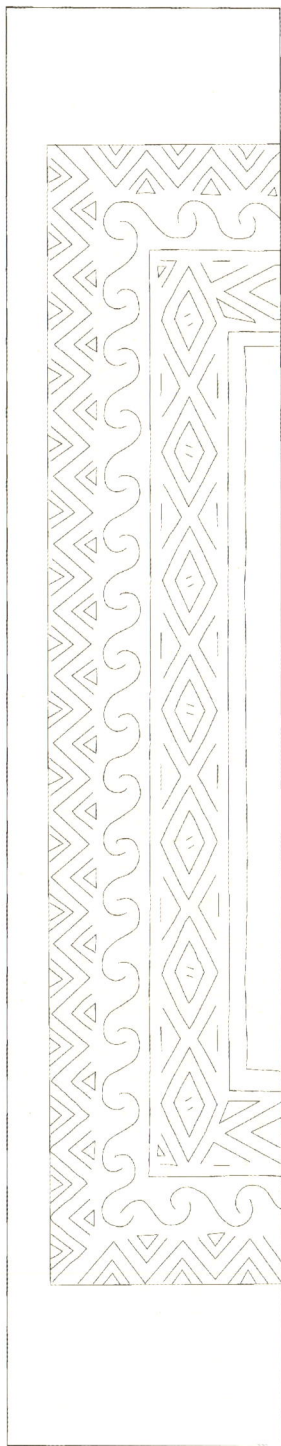

编号	SSX-MZ-035-01
时代	东汉
原收藏号	0072 B0004-1
出土地	米脂县尚庄
原石尺寸	195×39×9
画面尺寸	153×32
质地	砂岩
原石情况	下侧面平整。左、右侧面平整，凿人字纹。
所属墓群	
组合关系	门楣石，与左、右门柱，左、右门扉为墓门面五石组合。
画面简述	画面分内、中、外三栏。外栏为半菱形纹，中栏为S形纹，内栏菱形纹与半菱形纹交错构成几何纹图案。
著录与文献	李林、康兰英、赵力光：《陕北汉代画像石》，西安：陕西人民出版社，1995年，图108。 汤池：《中国画像石全集5：陕西、山西汉画像石》，济南：山东美术出版社，2000年，图44。
出土/征集时间	据传为1978年出土，1981年征集
收藏地	米脂县博物馆

编号	SSX-MZ-035-02
时代	东汉
原收藏号	0072 B0004-3
出土地	米脂县尚庄
原石尺寸	112×35×6
画面尺寸	106×26
质地	砂岩
原石情况	左侧面有细条纹。右侧面有不规则人字纹。
所属墓群	
组合关系	左门柱，与门楣石，右门柱，左、右门扉为墓门面五石组合。
画面简述	画面分内、中、外三栏。外栏为半菱形纹，中栏为 S 形纹，内栏菱形纹与半菱形纹交错构成几何纹图案。
著录与文献	李林、康兰英、赵力光：《陕北汉代画像石》，西安：陕西人民出版社，1995 年，图 112；汤池：《中国画像石全集 5：陕西、山西汉画像石》，济南：山东美术出版社，2000 年，图 44。
出土/征集时间	据传为 1978 年出土，1981 年征集
收藏地	米脂县博物馆

编号	SSX-MZ-035-03
时代	东汉
原收藏号	0072 B0004-2
出土地	米脂县尚庄
原石尺寸	111×35×7
画面尺寸	107×26
质地	砂岩
原石情况	左侧面有不规则人字纹。右侧面有细条纹。
所属墓群	
组合关系	右门柱，与门楣石、左门柱，左、右门扉为墓门面五石组合。
画面简述	画面分内、中、外三栏。外栏为半菱形纹，中栏为 S 形纹，内栏菱形纹与半菱形纹交错构成几何纹图案。
著录与文献	李林、康兰英、赵力光：《陕北汉代画像石》，西安：陕西人民出版社，1995 年，图 109；汤池：《中国画像石全集 5：陕西、山西汉画像石》，济南：山东美术出版社，2000 年，图 44。
出土／征集时间	据传为 1978 年出土，1981 年征集
收藏地	米脂县博物馆

编号	SSX-MZ-035-04
时代	东汉
原收藏号	0072 B0004-4
出土地	米脂县尚庄
原石尺寸	111×45
画面尺寸	98×37
质地	砂岩
原石情况	
所属墓群	
组合关系	左门扉，与门楣石，左、右门柱，右门扉为墓门面五石组合。
画面简述	朱雀、铺首穿环。朱雀身上阴线刻出羽毛、眼睛和口。铺首两角（耳）平伸，额部呈三角形，用阴线刻出睫毛和耳朵。张开的大嘴两旁和下部刻出了胡子。
著录与文献	李林、康兰英、赵力光：《陕北汉代画像石》，西安：陕西人民出版社，1995 年，图 111；汤池：《中国画像石全集 5：陕西、山西汉画像石》，济南：山东美术出版社，2000 年，图 44。
出土／征集时间	据传为 1978 年出土，1981 征集
收藏地	米脂县博物馆

编号	SSX-MZ-035-05
时代	东汉
原收藏号	0072 B0004-5
出土地	米脂县尚庄
原石尺寸	112×44
画面尺寸	98×37
质地	砂岩
原石情况	
所属墓群	
组合关系	右门扉，与门楣石，左、右门柱，左门扉为墓门面五石组合。
画面简述	朱雀，铺首穿环。朱雀身上阴线刻出羽毛、眼睛和喙。铺首两角（耳）平伸，额部呈三角形，用阴线刻出睫毛和耳朵。张开的大嘴两旁和下部刻出了胡子。
著录与文献	李林、康兰英、赵力光：《陕北汉代画像石》，西安：陕西人民出版社，1995年，图110；汤池：《中国画像石全集5：陕西、山西汉画像石》，济南：山东美术出版社，2000年，图44。
出土／征集时间	据传为1978年出土，1981年征集
收藏地	米脂县博物馆

编号	SSX-MZ-036
时代	东汉
原收藏号	0096 B0028
出土地	米脂县尚庄
原石尺寸	190×35×9
画面尺寸	183×26
质地	砂岩
原石情况	左、右侧面，凿粗斜条纹。
所属墓群	
组合关系	横楣石
画面简述	画面分为上、下两栏。上栏为云气纹。下栏为车骑列狩猎图。左端一有翼长颈怪兽曲颈朝后。二辆轺车中前有驭手驾车，后有主人端坐。每辆车后均跟随二个伍伯，皆头戴帻巾，一手执便面，一手执殳，其中一人着剪襟衣，三人着长襦大袴。其后又两辆轺车，之间一骑吏随从。右端为狩猎图，二人骑马张弓欲射，围追奔逃的兔、鹿。一鸟惊飞。
著录与文献	李林、康兰英、赵力光：《陕北汉代画像石》，西安：陕西人民出版社，1995年，图122。汤池：《中国画像石全集5：陕西、山西汉画像石》，济南：山东美术出版社，2000年，图45。
出土／征集时间	据传为1978年出土，1981年征集
收藏地	米脂县博物馆

SSX–MZ–036（局部）

编号	SSX-MZ-037
时代	东汉
原收藏号	0925 B0131
出土地	米脂县尚庄
原石尺寸	134×34×9
画面尺寸	130×39
质地	砂岩
原石情况	
所属墓群	
组合关系	横楣石
画面简述	画面分内、外两栏。内、外栏均为云气鸟兽纹。外栏云气中可见狐、兔、羽人。内栏云气间从左至右有羽人，一兽蹲伏，一长尾兽身体蜷曲，腹部朝上，一双角长颈长尾兽仰天长啸，一长颈鸟，一龙，一飞鸟，一立鸟。一个虎形怪兽，瞠目龇牙，毛发蓬张。
著录与文献	李林、康兰英、赵力光：《陕北汉代画像石》，西安：陕西人民出版社，1995 年，图125。汤池：《中国画像石全集 5：陕西、山西汉画像石》，济南：山东美术出版社，2000 年，图 62。
出土／征集时间	据传 1978 年出土，1981 年征集
收藏地	米脂县博物馆

SSX-MZ-037（局部）

SSX-MZ-038（局部）

编号	SSX-MZ-038
时代	东汉
原收藏号	0926 B0132
出土地	米脂县孙家沟
原石尺寸	108×41×12
画面尺寸	182×33
质地	砂岩
原石情况	
所属墓群	
组合关系	横楣石
画面简述	画面分上、下两栏。上栏为云气鸟兽纹。石面剥蚀，画面漫漶，卷云间的鸟兽的形象难以辨认。下栏为车马行列图。画面中五辆轺车，九名骑吏相随行进。清晰地刻画了车轮的条幅，并且显示了透视关系。轺车的上部有榜无题。
著录与文献	李林、康兰英、赵力光：《陕北汉代画像石》，西安：陕西人民出版社，1995年，图121。
出土／征集时间	据传为1975年出土，1981年征集
收藏地	米脂县博物馆

米脂县张兴庄墓门面五石组合
SSX-MZ-039-01—SSX-MZ-039-05

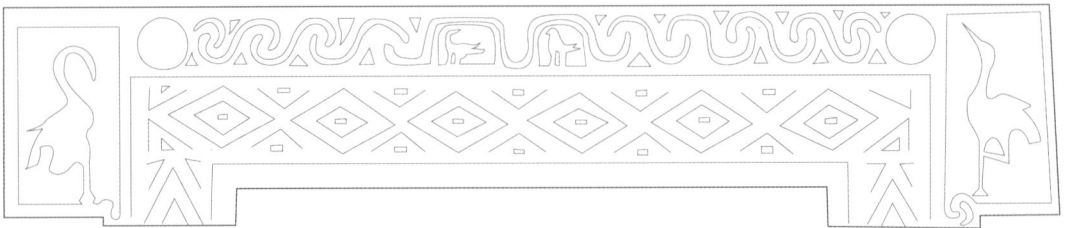

编号	SSX-MZ-039-01
时代	东汉
原收藏号	
出土地	米脂县张兴庄
原石尺寸	37×175
画面尺寸	
质地	砂岩
原石情况	
所属墓群	
组合关系	门楣石,与左、右门柱,左、右门扉为墓门面五石组合。
画面简述	画面左右两端各有一个方框,刻画朱鹭衔鱼。左边的一只曲颈向下,右边的一只仰颈向天。中间分上、下两栏。上栏为一S形纹,两端各阴刻一个圆形,象征日、月。中间S形纹下方各刻立一鸟。下栏为菱形纹组成的几何纹图案。
著录与文献	陕西省博物馆、陕西省文物管理委员会:《陕北东汉画像石刻选集》,北京:文物出版社,1959年,52页,图42;李林、康兰英、赵力光:《陕北汉代画像石》,西安:陕西人民出版社,1995年,图27。
出土／征集时间	1953年出土,1954年征集
收藏地	西安碑林博物馆

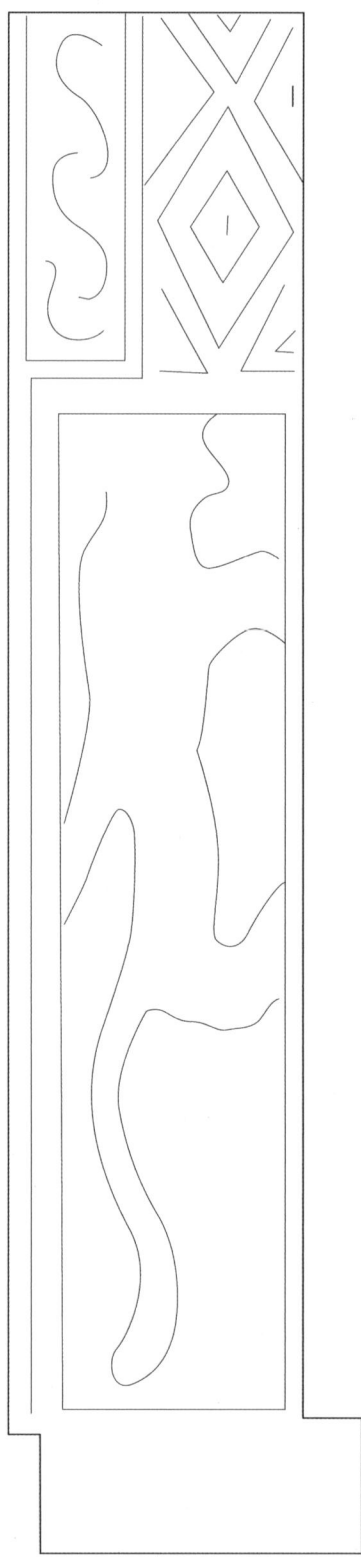

编号	SSX-MZ-039-02
时代	东汉
原收藏号	
出土地	米脂县张兴庄
原石尺寸	124×29
画面尺寸	
质地	砂岩
原石情况	
所属墓群	
组合关系	左门柱，与门楣石，右门柱，左、右门扉为墓门面五石组合。
画面简述	画面分上、下两格。上格分内、外两栏，外栏为S形纹，内栏为菱形纹，与门楣石的菱形纹衔接。下格为虎，浮雕，与本地其他刻法不同。
著录与文献	李林、康兰英、赵力光：《陕北汉代画像石》，西安：陕西人民出版社，1995年，图28。
出土／征集时间	1953年出土，1954年征集
收藏地	西安碑林博物馆

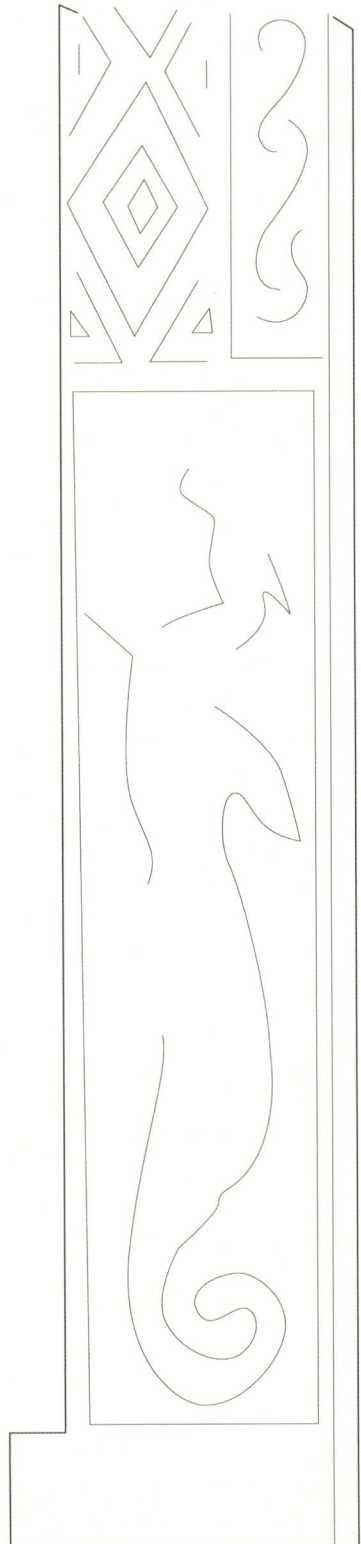

编号	SSX-MZ-039-03
时代	东汉
原收藏号	
出土地	米脂县张兴庄
原石尺寸	124×29
画面尺寸	
质地	砂岩
原石情况	
所属墓群	
组合关系	右门柱，与门楣石，左门柱，左、右门扉为墓门面五石组合。
画面简述	画面分上、下两格。上格分内、外两栏，外栏为 S 形纹，内栏为菱形纹，与门楣石的菱形纹衔接。下格为龙，浮雕。
著录与文献	李林、康兰英、赵力光：《陕北汉代画像石》，西安：陕西人民出版社，1995 年，图 31。
出土／征集时间	1953 年出土，1954 年征集
收藏地	西安碑林博物馆

编号	SSX-MZ-039-04
时代	东汉
原收藏号	
出土地	米脂县张兴庄
原石尺寸	111×50
画面尺寸	
质地	砂岩
原石情况	
所属墓群	
组合关系	左门扉，与门楣石，左、右门柱，右门扉为墓门面五石组合。
画面简述	朱雀、铺首衔环、独角兽。铺首的两眼阴线刻，口腔阴刻。
著录与文献	陕西省博物馆、陕西省文物管理委员会：《陕北东汉画像石刻选集》，北京：文物出版社，1959年，图43；李林、康兰英、赵力光：《陕北汉代画像石》，西安：陕西人民出版社，1995年，图29。
出土／征集时间	1953年出土，1954年征集
收藏地	西安碑林博物馆

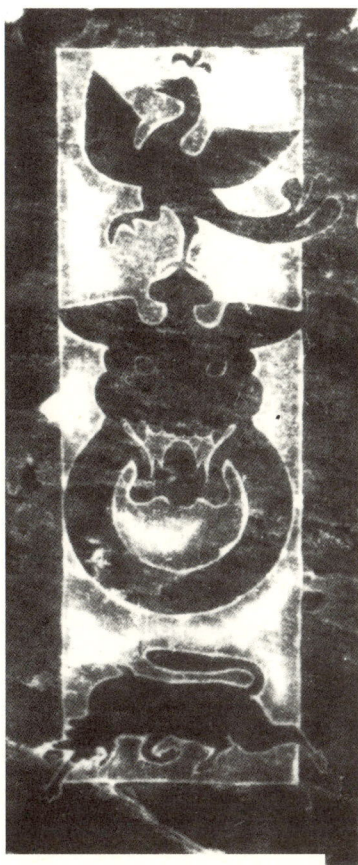

编号	SSX-MZ-039-05
时代	东汉
原收藏号	
出土地	米脂县张兴庄
原石尺寸	111×49
画面尺寸	
质地	砂岩
原石情况	
所属墓群	
组合关系	右门扉，与门楣石，左、右门柱，左门扉为墓门面五石组合。
画面简述	朱雀、铺首衔环、独角兽。铺首的两眼阴线刻，口腔阴刻。
著录与文献	陕西省博物馆、陕西省文物管理委员会：《陕北东汉画像石刻选集》，北京：文物出版社，1959 年，图 44；李林、康兰英、赵力光：《陕北汉代画像石》，西安：陕西人民出版社，1995 年，图 30。
出土/征集时间	1953 年出土，1954 年征集
收藏地	西安碑林博物馆

编号	SSX-MZ-040
时代	东汉
原收藏号	0758 B0080
出土地	米脂县镇子湾
原石尺寸	108×39×8
画面尺寸	82×31
质地	砂岩
原石情况	背面平整，上侧面凿人字纹。上、中有穿洞，为后世作其他用途时所凿。
所属墓群	
组合关系	左门柱，与门楣石，右门柱，左、右门扉为墓门面五石组合。
画面简述	画面分上、下两格。上格分内、外两栏。外栏为云气鸟兽纹，云气间穿插有翼长尾兽、立鸟、四足兽、羽人手按虎形兽、三角兽、熊。右栏分上部为神仙（西王母？）端坐神树之上，左、右有羽人和玉兔跪侍。树干间有狐、鹿、长尾飞鸟。下部一门吏，戴平巾帻，身着长襦大裤，执戟面门站立。下格为玄武。
著录与文献	李林、康兰英、赵力光：《陕北汉代画像石》，西安：陕西人民出版社，1995年，图145。
出土/征集时间	1981年征集
收藏地	米脂县博物馆

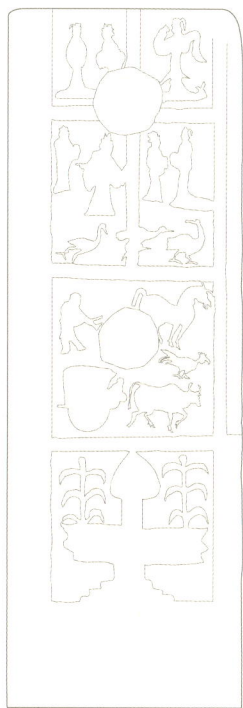

编号	SSX-MZ-041
时代	东汉
原收藏号	0769 B0091
出土地	米脂县镇子湾
原石尺寸	118×44×10
画面尺寸	106×30
质地	砂岩
原石情况	背面平整。上侧面凿斜条纹。左侧面凿细条纹。右侧面凿斜条纹，靠正面凿人字纹。上、中有穿洞二，为后世做其他用途时所凿。
所属墓群	
组合关系	
画面简述	画面自上而下分四格。上两格虽分内、外两栏，但画面内容关联。第一格左栏为两女性，头梳垂髻，身着长裙站立。右边一舞伎头梳垂髻，身着袿衣，翩翩起舞。第二格一人，戴进贤冠，身着长袍，张开双手，向右侧身站立。他的身后，一仆从戴帻着袍，躬身侍立。右二人相对站立，左一男子戴冠，身着长袍，袖手立。右一女子，头梳垂髻，身着拖地长裙，侧身袖手立。脚下填刻家禽。第三格上部为扫除马粪图，下部为牛车图。一雄鸡穿插其间。第四格为博山炉，炉盘内左、右各有一株瑞草。
著录与文献	李林、康兰英、赵力光：《陕北汉代画像石》，西安：陕西人民出版社，1995 年，图 147。
出土/征集时间	1981 年征集
收藏地	米脂县博物馆

编号	SSX-MZ-042
时代	东汉
原收藏号	0163 B0052
出土地	米脂县境内
原石尺寸	183×46×6
画面尺寸	158×40
质地	砂岩
原石情况	背面平整。上侧面毛石状，下侧面平整，两边各有一个宽约40厘米的凹槽。左、右侧面呈毛石状。
所属墓群	
组合关系	横楣石
画面简述	画面分为左、中、右三格。左、右格分别为日、月图，日、月外云气缭绕。左日轮中有金乌展翅。其眼睛、尾羽、双翅加刻阴线。月轮中有蟾蜍，双目、身上加刻阴线。中格为云气卷草鸟兽纹。由龙、虎、奔鹿缀连成卷草流云，其间填刻了羽人、九尾狐、立鸟、飞鸟、雌鹿、雄鹿、独角翼龙、玉兔捣药、兽头、翼虎、羽人执仙草。
著录与文献	汤池：《中国画像石全集5：陕西、山西汉画像石》，济南：山东美术出版社，2000年，图63。
出土/征集时间	1989—1990年征集
收藏地	米脂县博物馆

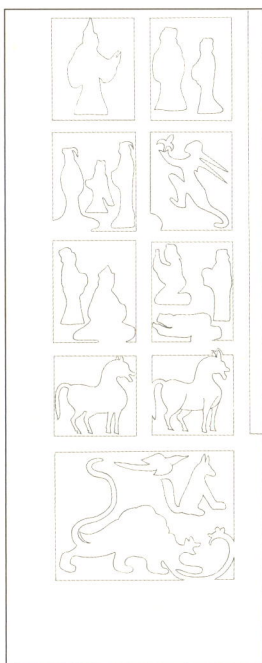

编号	SSX-MZ-043-01
时代	东汉
原收藏号	0912 B0122
出土地	米脂县境内
原石尺寸	110×44×12
画面尺寸	94×29
质地	砂岩
原石情况	背面平整，上侧面平整，凿人字纹。下侧面平整。左、右侧面靠正面凿纹，靠背面5.1厘米段呈毛石状。
所属墓群	
组合关系	左门柱，与右门柱为组合，其他不详。
画面简述	画面自上而下分五格。上四格分内、外两栏。第一格：一人戴通天冠，着长袍，右手前伸，面右作讲述状。右格两人均戴平顶冠，着长袍，袖手面左躬立。第二格：左栏刻三人，两妇人头梳垂髻，着拖地长裙，袖手站立。一小孩头梳双丫髻，身穿长袍，戴披风，面左站立。右栏为羽人捧献瑞草。第三格左栏刻主仆二人，主人戴进贤冠，身着长袍，面右跽坐。仆人戴帻巾，袖手躬立。右栏三人面左，一人匍匐于地，一人双膝跪地，均手捧一物礼拜。另一人袖手（捧物？）站立。第四格左、右栏各有一匹马伫立。第五格有一玄武、一蹲犬、一飞鸟。
著录与文献	未发表
出土/征集时间	2004年征集
收藏地	米脂县博物馆

编号	SSX-MZ-043-02
时代	东汉
原收藏号	0911 B0121
出土地	米脂县境内
原石尺寸	112×44×12
画面尺寸	96×29
质地	砂岩
原石情况	背面平整，上侧面平整，有凿纹。下侧面平整。左、右侧面靠正面处有凿纹，靠背面呈毛石状。
所属墓群	
组合关系	右门柱，与左门柱为组合，其他不详。
画面简述	画面自上而下分为四格，上三格中间加栏。第一格：左栏为一女子梳垂髻，身着袿衣，翩翩起舞。右格刻一女子梳垂髻，着拖地长裙，袖手站立。身后的小孩头扎双丫髻，戴披风，双手捧一物，随行。第二格：左栏一人，戴山形冠（通天冠？），着长袍，袍裾上翘，一手前伸，面右跽坐作交谈状。右栏刻主仆二人，主人戴进贤冠，身着长袍，面左跽坐。仆人戴帻，袖手躬立。第三格：家禽图。左栏有飞鸟、鸡、鸭、鹤、一马停立，右栏有二犬一蹲一卧、一牛行进和一人扫除马粪。第四格：玄武、蹲犬和飞鸟。
著录与文献	未发表
出土/征集时间	2004 年征集
收藏地	米脂县博物馆

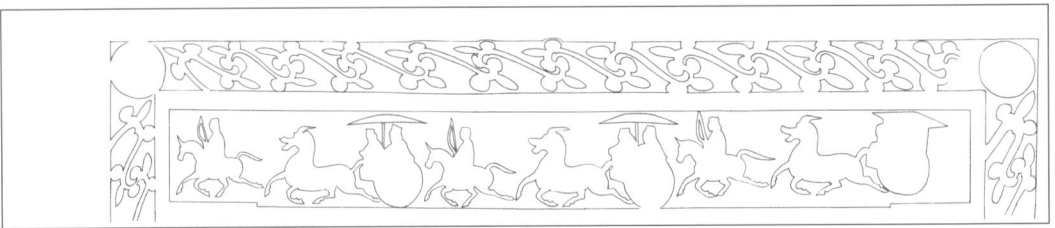

编号	SSX-MZ-044-01
时代	东汉
原收藏号	0164 B0053
出土地	米脂县境内
原石尺寸	162×32×7
画面尺寸	142×24
质地	砂岩
原石情况	上侧面平整，有不规则条纹和凹坑。下侧面两边各有一个约29厘米的凹槽，用于卡住两门柱。左右侧面欠平整。
所属墓群	
组合关系	横楣石，应与左、右门柱为墓室某壁组合。
画面简述	画面分内、外两栏。外栏为卷云纹。左、右两端阳刻圆形，象征日、月。内栏为车马行列图，图中共有两辆轺车，一辆辎车。车上的驭手头戴帻巾，车主戴进贤冠，着袍。三名随行骑吏均头戴帻巾，手执弓箭，导从车骑。画面中轺车和骑吏明显使用同一模板制作。
著录与文献	未发表
出土/征集时间	
收藏地	米脂县博物馆

编号	SSX-MZ-044-02
时代	东汉
原收藏号	0927 B0133
出土地	米脂县境内
原石尺寸	103×27×7
画面尺寸	81×24
质地	砂岩
原石情况	正面右上角剥蚀，背面平整，上侧面欠平稳，有凿痕。下侧面平整。左侧面欠平整，有不规则凿纹。右侧面平整，凿条纹。
所属墓群	
组合关系	左门柱，与门楣石，右门柱，左、右门扉为墓门面五石组合。
画面简述	画面分为上、下两格。上格分内、外两栏。外栏为云气纹。内栏上部为神树上西王母或东王公端坐，左、右有羽人和玉兔跪侍。树干间有狐、鹿、长尾飞鸟和瑞草。下部为一门吏戴帻，身着长襦大袴，双手拥彗，面门站立。下格为玄武。
著录与文献	李林、康兰英、赵力光：《陕北汉代画像石》，西安：陕西人民出版社，1995 年，图 146。
出土/征集时间	
收藏地	米脂县博物馆

编号	SSX-MZ-044-03
时代	东汉
原收藏号	0736 B0058
出土地	米脂县境内
原石尺寸	102×31×6
画面尺寸	82×24
质地	砂岩
原石情况	背面平整。上侧面左端残缺，有凿痕。下侧面平整。左侧面平整，凿条纹。右侧面欠平整，凿条纹。
所属墓群	
组合关系	右门柱，与门楣石，左门柱，左、右门扉为墓门面五石组合。
画面简述	画面分为上、下两格。上格分内、外两栏。外栏为云气纹。内栏上部为神树上仙人（西王母？）端坐，左、右有羽人和玉兔跪侍。树干间有狐、鹿、长尾飞鸟和瑞草。下部为一门吏戴帻，身着长襦大袴，持棨戟面门站立。下格为玄武。
著录与文献	未发表
出土/征集时间	
收藏地	米脂县博物馆

编号	SSX-MZ-045-01
时代	东汉
原收藏号	残 B004
出土地	米脂县境内
原石尺寸	69×36×7
画面尺寸	38×31
质地	砂岩
原石情况	背面、上侧面平整，凿斜条纹。下侧面平整。左、右侧面毛石状。
所属墓群	
组合关系	横楣石，组合关系和位置不详。
画面简述	画面分内、中、外三栏，上栏为半菱形纹，中栏为S形纹，下栏为菱形纹、半菱形纹组合而成几何形图案。
著录与文献	未发表
出土/征集时间	
收藏地	米脂县博物馆

编号	SSX-MZ-045-02
时代	东汉
原收藏号	0875 B0114
出土地	米脂县境内
原石尺寸	112×37×7
画面尺寸	111×25
质地	砂岩
原石情况	背面凹凸不平。上侧面平整，凿粗斜条纹。下侧面平整。左、右侧面平整，凿斜条纹。
所属墓群	
组合关系	左门柱
画面简述	画面分上、下两格。上格分外、中、内三栏。外栏为半菱形纹，中栏为S形纹，内栏为菱形纹，半菱形纹组合而成几何形图案。下格为博山炉。炉盖加刻阴线，显示镂空。
著录与文献	未发表
出土/征集时间	
收藏地	米脂县博物馆

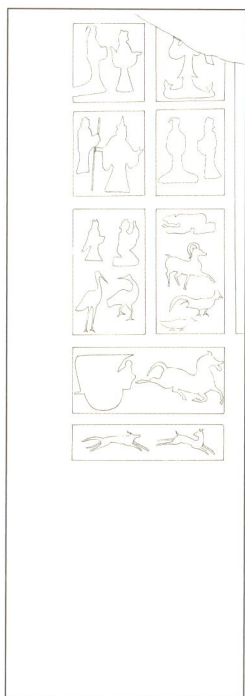

编号	SSX-MZ-046-01
时代	东汉
原收藏号	0749 B0071
出土地	米脂县境内
原石尺寸	152×48×9
画面尺寸	88×31
质地	砂岩
原石情况	正面右上角剥蚀，背面平整，左上角有凹坑。上侧面较平整。下、左侧面呈毛石状。右侧面平整，凿人字纹。
所属墓群	
组合关系	左门柱，与右门柱为组合，其他不详。
画面简述	画面横向分为五格，第一至第三格又各分为左、右两栏。第一格：右栏一女子，身着袿衣，挥袖起舞。左栏一女子梳垂髫髻，着拖地长裙，拥袖侧身面右站立。一男子带帻巾着袍，双臂弯曲向上，伸出双手，面女子作讲述状。第二格：左栏一人戴通天冠，身着袍，双臂前伸，右手拄一长棍（？）。他的身后一人戴帻着袍，双手拄一长棍（？），侧身而立。右栏一女子梳垂髫髻，着拖地长裙站立。另一男子带帻巾着袍，拥袖面女子站立。第三格：左栏一男子头戴进贤冠，身着长袍，双手捧牍（笏），面右跪拜。身后一小孩头梳双丫髻，着袍戴披风，面右站立。下为鹭、鸭。右栏一男子戴冠着袍，手捧牍（笏）匍匐于地，作恭敬拜谒状。之下一盘角羊，雌、雄鸡。第四格：一辆屏车奔驰。第五格：犬逐兔图。
著录与文献	未发表
出土/征集时间	
收藏地	米脂县博物馆

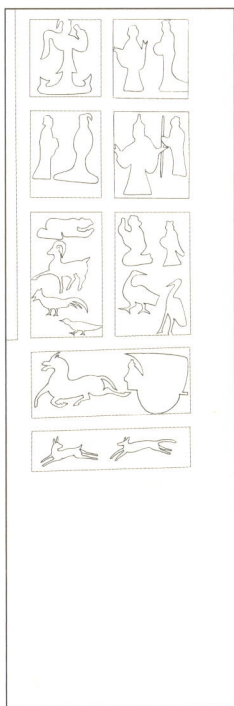

编号	SSX-MZ-046-02
时代	东汉
原收藏号	0772 B0094
出土地	米脂县境内
原石尺寸	161×49×11
画面尺寸	88×31
质地	砂岩
原石情况	背面平整。右侧面、下侧面呈毛石状。右侧面平整，凿人字纹。
所属墓群	
组合关系	右门柱，与左门柱为组合，其他不详。
画面简述	画面横向分为五格，第一至第三格又各分为左、右两栏。第一格：左栏一女子梳垂鬐髻，身着袿衣，左手执物，右臂挥袖，翩翩起舞。右栏一男子带帻巾着袍，正面站立。另一男子戴冠着长袍，拥袖面左而立。第二格：左栏二人站立。居前者梳垂鬐髻，着拖地长袍站立。后一人戴冠着袍，面女子拥袖而立。右格前一人戴通天冠，身着袍，两手向外张开，手拄一长棍（？），面右侧身而立。他的身后一人戴帻着袍，侧身而立。第三格：左栏一男子戴冠着袍，手捧牍（笏）匍匐于地，作恭敬拜谒状。之下一盘角羊，雌、雄鸡。右栏一男子头戴进贤冠，身着长袍，双手捧牍（笏），面右跪拜。身后一小孩头梳双丫髻，着袍戴披风，面右站立。下为朱鹭、鸭。第四格：一辆屏车奔驰。第五格：犬逐兔图。与SSX-MZ-046-01互为镜像。
著录与文献	未发表
出土/征集时间	
收藏地	米脂县博物馆

编号	SSX-MZ-047-01
时代	东汉
原收藏号	0737 B0059
出土地	米脂县境内
原石尺寸	118×40×6
画面尺寸	80×29
质地	砂岩
原石情况	背面平整。上侧面平整,素面。下侧面毛石状。左侧面平整,凿斜条纹。右侧面平整,凿人字纹。
所属墓群	
组合关系	左门柱,与门楣石,右门柱,左、右门扉为墓门面五石组合。
画面简述	画面分上、下两格,上格分内、外两栏。外栏为云气纹。内栏上部为神树之上仙人和羽人博弈。树干架间站立雄鹿,一龙探出前半身。下部为一门吏头戴平巾帻,身着长襦大袴,双手持棨戟,面门而立。下格为玄武。
著录与文献	未发表
出土/征集时间	
收藏地	米脂县博物馆

编号	SSX-MZ-047-02
时代	东汉
原收藏号	0733 B0055
出土地	米脂县境内
原石尺寸	124×40×6
画面尺寸	83×29
质地	砂岩
原石情况	背面较平整。上侧面平整,凿斜条纹。下侧面呈毛石状,有褐色铁矿斑点。左、右侧面平整,凿人字纹。
所属墓群	
组合关系	右门柱,与门楣石,左门柱,左、右门扉为墓门面五石组合。
画面简述	画面分上、下两格,上格分内、外两栏。外栏为云气纹。内栏上部为神树之上西王母端坐,左、右有玉兔、羽人跪侍。树干架间站立鹿、狐。下部为一门吏头戴平巾帻,身着长襦大袴,双手拥彗,面门而立。下格为玄武。
著录与文献	未发表
出土/征集时间	
收藏地	米脂县博物馆

编号	SSX-MZ-048-01
时代	东汉
原收藏号	0868 B0107-2
出土地	米脂县境内
原石尺寸	137×38×10
画面尺寸	82×25
质地	砂岩
原石情况	背面较平整。上侧面平整，凿人字纹。下侧面靠正面平整，凿斜条纹，靠背面呈毛石状。左、右侧面平整，凿人字纹。
所属墓群	
组合关系	左门柱，与门楣石，右门柱，左、右门扉为墓门面五石组合。
画面简述	画面分上、下两格，上格分内、外两栏。外栏为云气纹。内栏上部西王母头戴胜仗，左、右有羽人和玉兔跪侍。树干间有鹿、狐、飞鸟。下部一门吏戴帻，身着长襦大袴，双手持戟，面门而立。下格为玄武。
著录与文献	未发表
出土/征集时间	
收藏地	米脂县博物馆

编号	SSX-MZ-048-02
时代	东汉
原收藏号	0868 B0107-1
出土地	米脂县境内
原石尺寸	143×39×10
画面尺寸	88×25
质地	砂岩
原石情况	背面较平整。上侧面平整，凿人字纹。下侧面靠正面平整，凿斜条纹，靠背面呈毛石状。左、右侧面平整，凿人字纹。
所属墓群	
组合关系	右门柱，与门楣石，左门柱，左、右门扉为墓门面五石组合。
画面简述	画面分上、下两格，上格分内、外两栏。外栏为云气纹。内栏上部为西王母戴胜仗，左右有羽人和玉兔跪侍。树干间有鹿、狐、飞鸟、瑞草。下部一门吏戴帻，身着长襦大袴，双手拥彗，面门而立。下格为玄武。
著录与文献	未发表
出土/征集时间	
收藏地	米脂县博物馆

编号	SSX-MZ-049-01
时代	东汉
原收藏号	0771 B0093
出土地	米脂县境内
原石尺寸	108×48×14
画面尺寸	84×31
质地	砂岩
原石情况	正面平整，右边框外减地，凿斜条纹。左侧面呈毛石状，右侧面中段残为豁口。上、下侧面平整。
所属墓群	
组合关系	左门柱，与门楣石，右门柱，左、右门扉为墓门面五石组合。
画面简述	画面分上、下两格，上格分内、外两栏。外栏为卷云鸟兽纹。云气间自上而下为有翼长尾兽、立鸟、鹿、羽人手按虎形兽、三角兽、熊。内栏为仙山神树之上仙人博弈，棋盘上的格线清晰可见。树干间有雄鹿和龙上半身。下一门吏戴冠着袍，双手捧牍，躬身面右而立。下格刻玄武。
著录与文献	未发表
出土/征集时间	
收藏地	米脂县博物馆

编号	SSX-MZ-049-02
时代	东汉
原收藏号	0145 B0034
出土地	米脂县境内
原石尺寸	107×41×14
画面尺寸	84×31
质地	砂岩
原石情况	背面平整。上侧面平整,凿人字纹。下侧面较平整,凿有斜条纹。左侧面靠正面凿斜条纹,靠背面呈毛石状。右侧面呈毛石状。
所属墓群	
组合关系	右门柱,与门楣石,左门柱,左、右门扉为墓门面五石组合。
画面简述	画面分上、下两格,上格分内、外两栏。外栏为卷云鸟兽纹。卷云气间穿插有翼长尾兽、立鸟、鹿(非五腿,性征?)、羽人手按奔虎、三角兽、熊。内栏上部仙山神树之上有西王母端坐,左、右玉兔和羽人跪侍。树干间有鹿、狐、飞鸟。下为一门吏戴帻,着长襦大袴,双手拥彗,面门而立。下格刻玄武。
著录与文献	未发表
出土/征集时间	
收藏地	米脂县博物馆

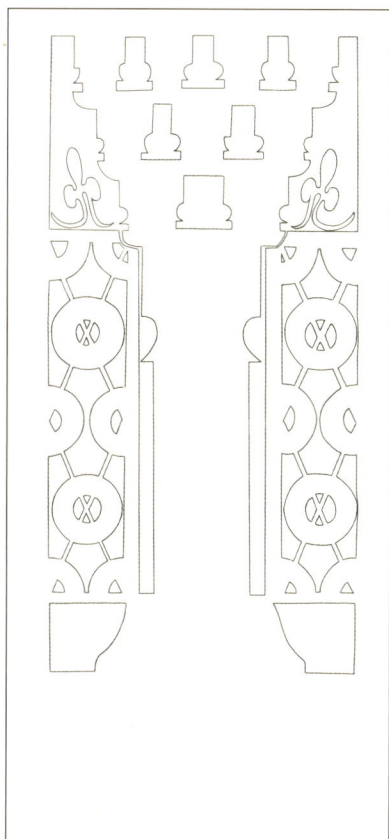

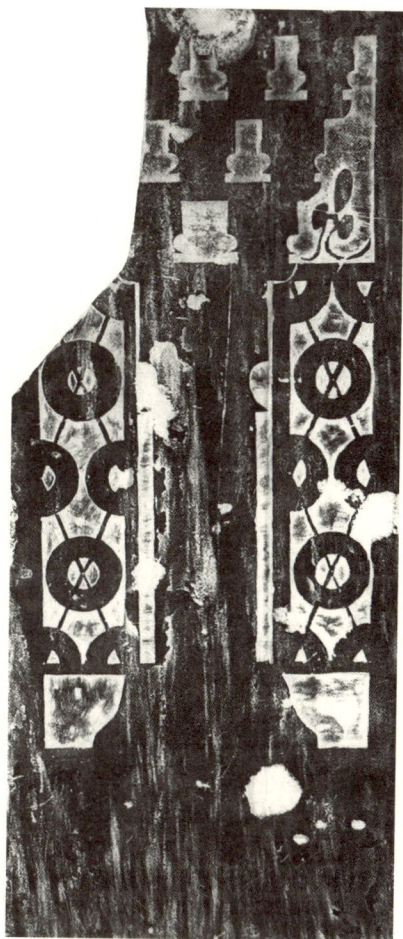

编号	SSX-MZ-050-01
时代	东汉
原收藏号	0766 B0088
出土地	米脂县境内
原石尺寸	139×58×9
画面尺寸	97×46
质地	砂岩
原石情况	正面平整，左上角剥蚀。背面平整。上、右侧面平整，凿斜条纹。
所属墓群	
组合关系	左门柱，与右门柱为左、右对称组合，其他不详。
画面简述	画面中间为一中柱立于覆盆式柱础上，上接斗栱。斗栱内填刻瑞草。柱两边刻绶带穿璧纹。
著录与文献	李林、康兰英、赵力光：《陕北汉代画像石》，西安：陕西人民出版社，1995年，图154。
出土/征集时间	
收藏地	米脂县博物馆

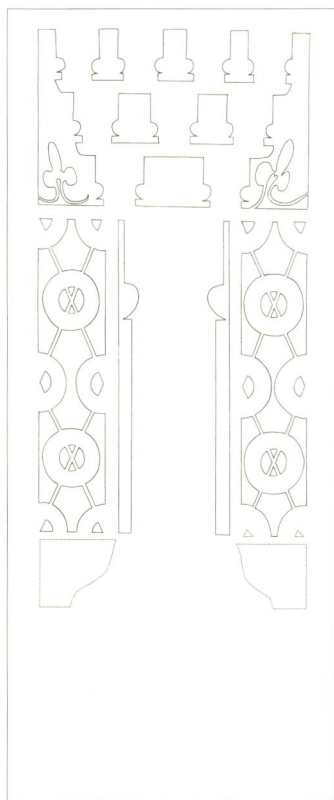

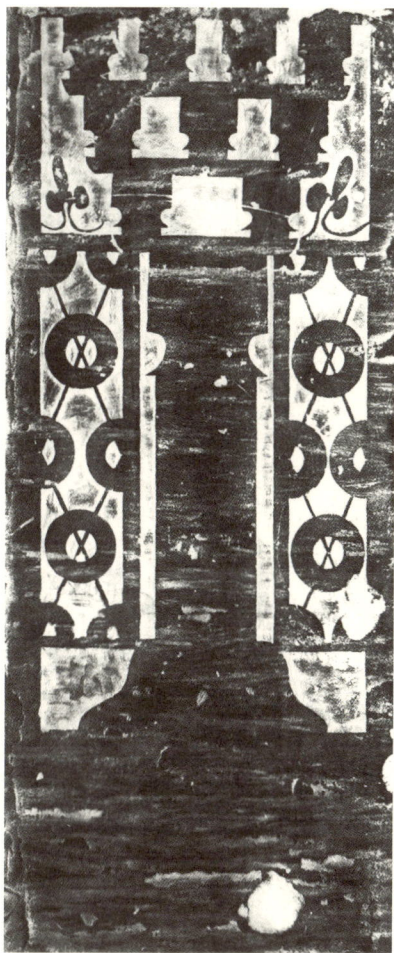

编号	SSX-MZ-050-02
时代	东汉
原收藏号	0767 B0089
出土地	米脂县境内
原石尺寸	139×57×13
画面尺寸	97×47
质地	砂岩
原石情况	背面平整。上侧面欠平整。
所属墓群	
组合关系	左门柱,与右门柱为组合,其他不详。此门柱与SSX-MZ-050-01不成对,均为左门柱。
画面简述	画面中间为一中柱立于覆盆式柱础上,上接斗栱。斗栱内填刻瑞草。柱两边刻绶带穿璧纹。
著录与文献	李林、康兰英、赵力光:《陕北汉代画像石》,西安:陕西人民出版社,1995年,图153。
出土/征集时间	
收藏地	米脂县博物馆

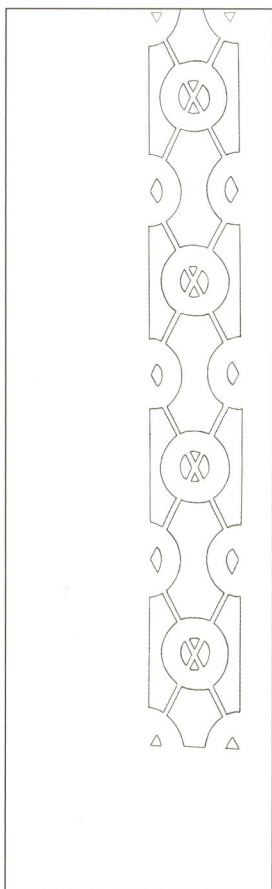

编号	SSX-MZ-051-01
时代	东汉
原收藏号	0753 B0075
出土地	米脂县境内
原石尺寸	118×38×7
画面尺寸	95×12
质地	砂岩
原石情况	背面较平整。上侧面平整，凿粗人字纹。
所属墓群	
组合关系	左边柱，与右边柱为左、右对称组合，其他不详。
画面简述	刻绶带穿璧纹。
著录与文献	李林、康兰英、赵力光：《陕北汉代画像石》，西安：陕西人民出版社，1995年，图142。
出土/征集时间	
收藏地	米脂县博物馆

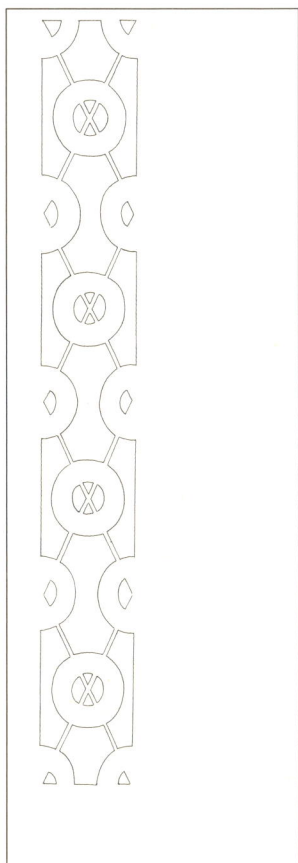

编号	SSX-MZ-051-02
时代	东汉
原收藏号	0756 B0078
出土地	米脂县境内
原石尺寸	108×38×7
画面尺寸	93×12
质地	砂岩
原石情况	背面平整。上侧面平整，凿细条纹。
所属墓群	
组合关系	右边柱，与左边柱为左、右对称组合，其他不详。
画面简述	刻绶带穿璧纹。
著录与文献	李林、康兰英、赵力光：《陕北汉代画像石》，西安：陕西人民出版社，1995 年，图 143。
出土/征集时间	
收藏地	米脂县博物馆

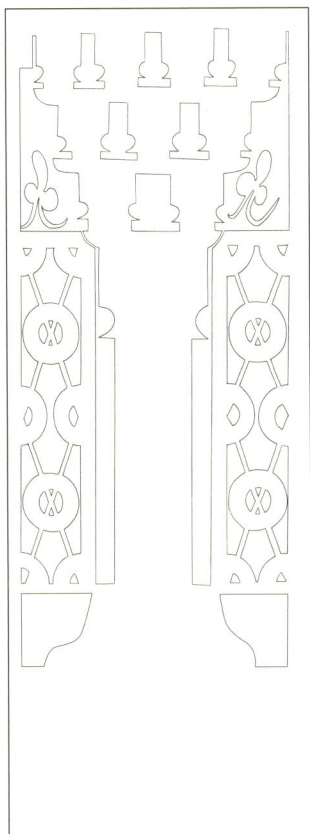

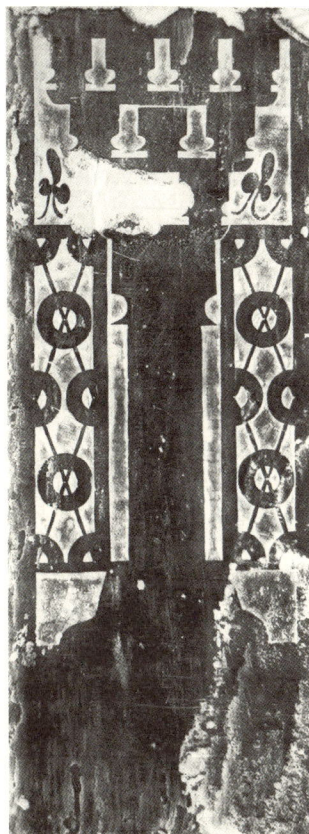

编号	SSX-MZ-052-01
时代	东汉
原收藏号	0768 B0090
出土地	米脂县境内
原石尺寸	139×54×14
画面尺寸	96×42
质地	砂岩
原石情况	正面平整，斗栱处稍有剥蚀。背面平整。上侧面凿粗人字纹。
所属墓群	
组合关系	左门柱，与右门柱为左右对称组合，其他不详。
画面简述	画面中间为一中柱立于覆盆式柱础上，上接斗栱。斗栱内填刻瑞草。柱两边刻绶带穿璧纹。
著录与文献	李林、康兰英、赵力光：《陕北汉代画像石》，西安：陕西人民出版社，1995年，图156。
出土/征集时间	
收藏地	米脂县博物馆

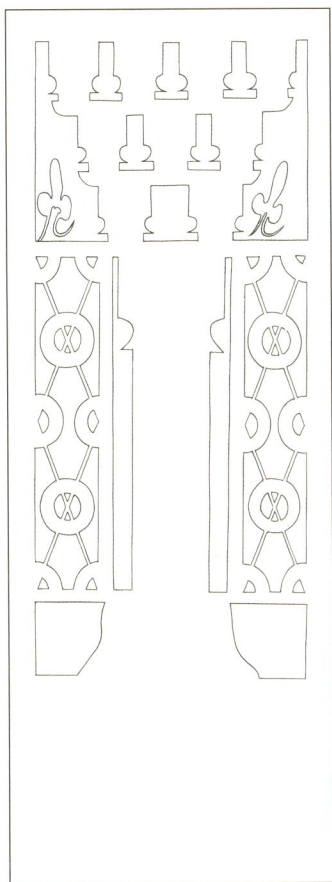

编号	SSX-MZ-052-02
时代	东汉
原收藏号	0765 B0087
出土地	米脂县境内
原石尺寸	140×53×12
画面尺寸	97×43
质地	砂岩
原石情况	正面平整，有多处剥蚀。背面平整。上侧面有凿痕。右侧面有条纹。
所属墓群	
组合关系	右门柱，与左门柱为组合，其他不详。
画面简述	画面中间为一中柱立于覆盆式柱础上，上接斗栱。斗栱内填刻瑞草。柱两边刻绶带穿璧纹。
著录与文献	李林、康兰英、赵力光：《陕北汉代画像石》，西安：陕西人民出版社，1995年，图155。
出土/征集时间	
收藏地	米脂县博物馆

编号	SSX-MZ-053-01
时代	东汉
原收藏号	0089 B0021
出土地	米脂县境内
原石尺寸	119×39×6
画面尺寸	107×32
质地	砂岩
原石情况	
所属墓群	
组合关系	左门柱，与右门柱为组合，其他不详。
画面简述	画面分为上、下两格。上格一人首人身蛇尾的仙人（伏羲），戴山形冠，身着宽袖衣，左手执瑞草，右手执一不明物。下一门吏戴平巾帻，着长襦大袴，双手持戟，躬身面门立。伏羲以及门吏的五官、衣纹以及所持棨戟、瑞草皆用阴线刻出。下格为玄武。
著录与文献	汤池：《中国画像石全集5：陕西、山西汉画像石》，济南：山东美术出版社，2000年，图169。
出土/征集时间	
收藏地	米脂县博物馆

编号	SSX-MZ-053-02
时代	东汉
原收藏号	0088 B0020
出土地	米脂县境内
原石尺寸	118×38×6
画面尺寸	109×32
质地	砂岩
原石情况	
所属墓群	
组合关系	右门柱，与左门柱为组合，其他不详。
画面简述	画面分为上、下两格。上格上为一人首人身蛇尾的仙人（女娲），头顶束圆髻，身着宽袖衣，左手执一物似簸，右手执便面。下一门吏戴平巾帻，着长襦大袴，高鼻，胡须浓密，双手拥彗，躬身面门而立。女娲，手中所执簸、便面，及门卒，彗首、衣纹皆用阴线刻出。下格为玄武。
著录与文献	汤池：《中国画像石全集 5：陕西、山西汉画像石》，济南：山东美术出版社，2000 年，图 168。
出土/征集时间	
收藏地	米脂县博物馆

编号	SSX-MZ-054-01
时代	东汉
原收藏号	0146 B0035
出土地	米脂县境内
原石尺寸	124×52×4
画面尺寸	105×42
质地	砂岩
原石情况	背面平整。上侧面平整，凿不规则的人字纹。下侧面欠平整，中部突起，两边凿斜纹。左侧面上段有不规则凿痕，下半段毛石状。右侧面上段呈马蹄面，下段平整，有不规则凿痕。
所属墓群	
组合关系	左门扉，与门楣石、左、右门柱、右门扉为墓门面五石组合。
画面简述	朱雀、铺首、白虎图。朱雀喙中含丹。朱雀、铺首、白虎的五官、毛羽、身上的斑纹用阴线刻出。
著录与文献	未发表
出土/征集时间	
收藏地	米脂县博物馆

编号	SSX-MZ-054-02
时代	东汉
原收藏号	0147 B0036
出土地	米脂县境内
原石尺寸	126×51×4
画面尺寸	106×41
质地	砂岩
原石情况	背面大致平整，中间有突起部分。上、下侧面欠平整，中间突起，两边凿斜条纹。左侧面呈马蹄面，凿不规则条纹。右侧面欠平整，有不规则凿纹。
所属墓群	
组合关系	右门扉，与门楣石，左、右门柱，左门扉为墓门面五石组合。
画面简述	朱雀、铺首、青龙图。朱雀口中含丹。朱雀的眼、羽翅，铺首的五官，龙的眼均以阴刻线表现。
著录文献	未发表
出土/征集时间	
收藏地	米脂县博物馆

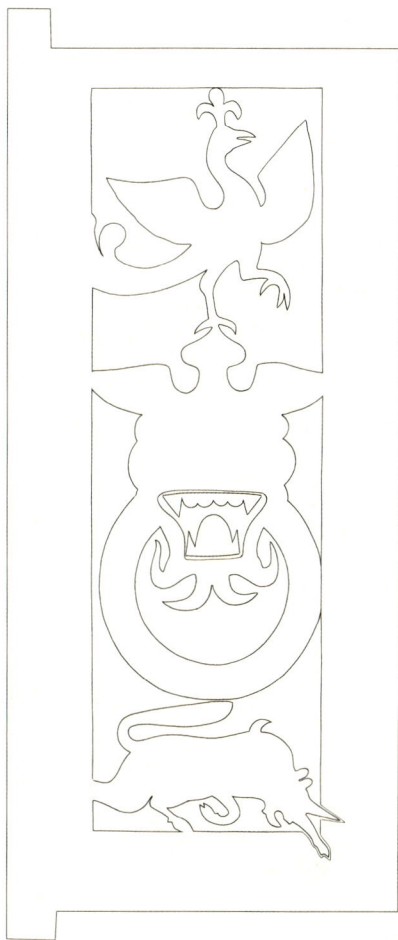

编号	SSX-MZ-055-01
时代	东汉
原收藏号	0734 B0056
出土地	米脂县境内
原石尺寸	110×51×4
画面尺寸	
质地	砂岩
原石情况	
所属墓群	
组合关系	左门扉，与门楣石，左、右门柱，右门扉为墓门面五石组合。
画面简述	朱雀、铺首、独角兽。
著录与文献	未发表
出土/征集时间	
收藏地	米脂县博物馆

0732—B0054

编号	SSX-MZ-055-02
时代	东汉
原收藏号	0732 B0054
出土地	米脂县境内
原石尺寸	110×50×4
画面尺寸	90×29
质地	砂岩
原石情况	正面左下有剥蚀，背面欠平整，有凹坑。上、下、左、右侧面平整，凿人字纹。
所属墓群	
组合关系	右门扉，与门楣石，左、右门柱，左门扉为墓门面五石组合。
画面简述	朱雀、铺首、独角兽。铺首的眼睛阴线刻，口腔阴刻。
著录与文献	未发表
出土/征集时间	
收藏地	米脂县博物馆

编号	SSX-MZ-056-01
时代	东汉
原收藏号	0742 B0064
出土地	米脂县境内
原石尺寸	101×48×4
画面尺寸	84×32
质地	砂岩
原石情况	背面平整。上侧面平整,无凿痕。下侧面平整,凿人字纹。左、右侧面平整,凿人字纹。
所属墓群	
组合关系	左门扉,与门楣石,左、右门柱,右门扉为墓门面五石组合。
画面简述	朱雀、铺首、獬豸图。铺首的眼睛用阴线刻成菱形,口腔阴刻。
著录与文献	未发表
出土/征集时间	
收藏地	米脂县博物馆

编号	SSX-MZ-056-02
时代	东汉
原收藏号	0932 B0137
出土地	米脂县境内
原石尺寸	105×48×4
画面尺寸	85×33
质地	砂岩
原石情况	
所属墓群	
组合关系	右门扉，与门楣石，左、右门柱，左门扉为墓门面五石组合。
画面简述	朱雀顶戴圆珠形，铺首穿环，独角兽。铺首的眼睛用阴线刻成菱形，口腔阴刻。
著录与文献	未发表
出土/征集时间	
收藏地	米脂县博物馆

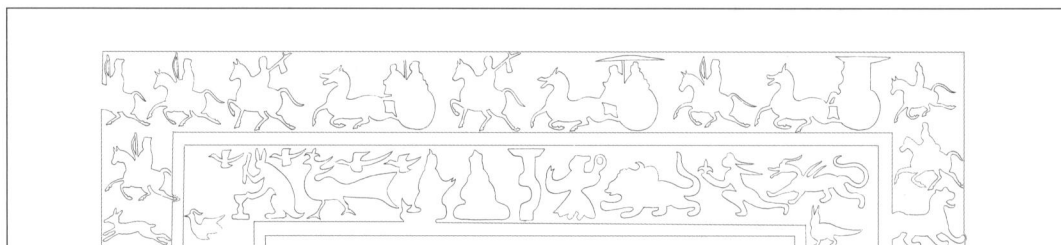

编号	SSX-MZ-057
时代	东汉
原收藏号	0913 B0123
出土地	米脂县境内
原石尺寸	198×43×11
画面尺寸	158×34
质地	砂岩
原石情况	背面凹凸不平，上侧面基本平整，凿斜条纹，下侧面平整，中段有凿纹靠正面处有残缺口。左、右侧面平整。
所属墓群	
组合关系	门楣石，与左、右门扉为组合。
画面简述	画面分为内、外两栏。外栏为车马行进图。从左至右有三名骑吏执弓，一名骑吏荷棨戟前导，后跟随一辆轺车。一骑吏荷棨戟，又一辆轺车之后是一骑马执弓者，身后一辆轺车，车后两骑吏随从。左下端一犬奔走，右下端有一虎，张口作呼啸状。内栏中段为历史故事"完璧归赵"图。图中柱左一人戴通天冠，着长袍，袍裾扬起，双手向前伸出，跽坐。对面一人戴王冠，身着长袍，坐于一圆形坐垫上，盘坐或跽坐，似与左边那人对语。立柱右边一人，蹲在地上，双手向上举起，其中一手执璧，仰首向柱，作欲举璧撞柱状。完璧归赵图两旁为瑞兽图。左有朱鸟、狐、仙兔捣药、凤鸟，中间穿插以四只飞鸟。右有独角有翼犀牛形兽、羽人献瑞草、青龙。
著录与文献	未发表
出土/征集时间	2004 年征集
收藏地	米脂县博物馆

SSX-MZ-057（局部）

编号	SSX-MZ-058
时代	东汉
原收藏号	0079 B0011
出土地	米脂县境内
原石尺寸	280×41×6
画面尺寸	151×33
质地	砂岩
原石情况	左、右侧面凿不规则人字纹。上侧面凿粗斜条纹。
所属墓群	
组合关系	门楣石，与左、右门柱，左、右门扉为墓门面五石组合。
画面简述	画面分为内、外两栏。外栏为卷云鸟兽纹。左右两端各阳刻一圆形，象征日、月。云气间穿插的鸟兽有翼兽、立鸟、鹿、仙人一手上举、长发仙人、飞鸟、鹿，一虎在前、一猛兽衔其尾，猛兽的长尾又有一垂发羽人拽着，长发仙人饲鹿、三足鸟、玉兔捣药、狐、麒麟等。外栏为卷云鸟兽纹，是陕北画像石中多用的格套之一。内栏为灵禽瑞兽图。从左至右有羽人献瑞草、麒麟、独角有翼犀牛形兽、凤鸟、双角翼龙、虎、狐、仙兔捣药。画面补白瑞草、飞鸟、立鸟。
著录与文献	李林、康兰英、赵力光：《陕北汉代画像石》，西安：陕西人民出版社，1995 年，图118；汤池：《中国画像石全集 5：陕西、山西汉画像石》，济南：山东美术出版社，2000 年，图 56。
出土/征集时间	
收藏地	米脂县博物馆

SSX-MZ-058（局部）

SSX-MZ-059（局部）

编号	SSX-MZ-059
时代	东汉
原收藏号	0750 B0072
出土地	米脂县境内
原石尺寸	151×39×5
画面尺寸	134×33
质地	砂岩
原石情况	左段残缺。
所属墓群	
组合关系	横楣石
画面简述	画面分内、外两栏。外栏为云气纹。内栏为车骑狩猎图。画面上两名骑吏张弓围射被困的一虎，虎被惊吓得张口呆立。狐、兔等野兽惊恐奔逃，空中两鸟惊飞。接着是一辆轺车奔驰，前有三名导骑，后有一辆屏车跟随。
著录与文献	未发表
出土/征集时间	
收藏地	米脂县博物馆

编号	SSX-MZ-060
时代	东汉
原收藏号	残 B005
出土地	米脂县境内
原石尺寸	143×41×6
画面尺寸	133×33
质地	砂岩
原石情况	原石残断为三截。背面平整。上、下侧面平整，凿不规则人字纹。左侧面呈毛石状。右侧面为断面。
所属墓群	
组合关系	横楣石
画面简述	画面分内、外两栏。外栏从左至右有羽人献瑞草、猎手骑马回身射虎、立马、奔马、立马、猎手骑马拉弓作射猎状。下栏为辎车行进图。画面上的四辆辎车行进，是使用同一单体五项模板刻画。
著录与文献	未发表
出土/征集时间	
收藏地	米脂县博物馆

编号	SSX-MZ-061
时代	东汉
原收藏号	0924 B0130
出土地	米脂县境内
原石尺寸	112×40×8
画面尺寸	97×34
质地	砂岩
原石情况	原石右半残佚
所属墓群	
组合关系	门楣石、与左、右门柱、左、右门扉为墓门面五石组合。
画面简述	画面分内、外两栏。外栏为云气禽兽纹，左端有日（月）。云气纹间自左至右为有翼兽，一长颈鸟，一鸟、鹿、仙人一手上举，三角人面鸟，长发仙人，飞鸟，鹿，一虎在前，一猛兽衔其尾，猛兽的长尾又有一垂发羽人搜着，一鹿。内栏为灵禽瑞兽图，从左至右为虎，翼龙，独角有翼犀牛形兽，凤鸟，瑞兽之间穿插瑞草。
著录与文献	李林、康兰英、赵力光：《陕北汉代画像石》，西安：陕西人民出版社，1995年，图124。
出土/征集时间	
收藏地	米脂县博物馆

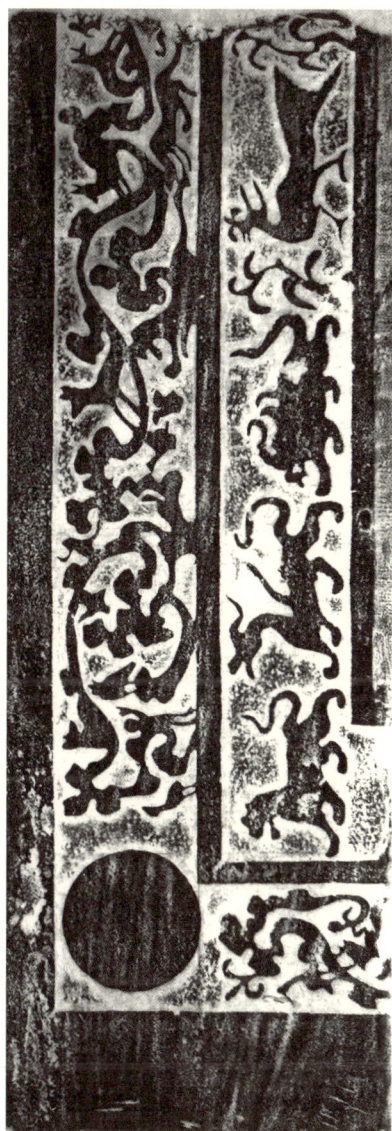

编号	SSX-MZ-062
时代	东汉
原收藏号	0748 B0070
出土地	米脂县境内
原石尺寸	299×34×9
画面尺寸	276×31
质地	砂岩
原石情况	残为两段，上、下侧面平整，凿人字纹。左、右侧面呈毛石状。
所属墓群	
组合关系	横楣石，与左、右门柱为墓室一壁三石组合。
画面简述	画面分为内、外两栏。外栏为云气纹，内栏为灵禽瑞兽图。石面剥蚀严重，大部分画面漫漶不清。可辨识的有虎形怪兽，瞠目龇牙，毛发蓬张。它的右边有一虎形兽回首，右有朱鸟、虎。
著录与文献	李林、康兰英、赵力光：《陕北汉代画像石》，西安：陕西人民出版社，1995年，图120。
出土/征集时间	
收藏地	米脂县博物馆

编号	SSX-MZ-063
时代	东汉
原收藏号	0878 B0117
出土地	米脂县境内
原石尺寸	272×42×15
画面尺寸	255×35
质地	砂岩
原石情况	原石残为两段。
所属墓群	
组合关系	横楣石，根据下部卡口推断与左、右门柱，中柱石为墓室后壁四石组合。
画面简述	画面分为内、外两栏。外栏为车马行进图。左、右两端加刻羽人献瑞草和雄鹿卧伏。车马行列中共有两辆轺车，两辆辎车。前后有 11 名骑吏跟随。有的执弓前导，有的携带不明物，有的肩荷棨戟，有的徒手随行。内栏为左右两边兽狩猎图。左边两猎手回身张弓追射，兔、虎、狐、鹿，或惊恐呆立，或拼命奔逃。右边两猎手围射雌雄两鹿。中段为灵禽瑞兽图，从左至右有独角翼龙、双角翼龙、凤鸟、独角有翼犀牛形兽、麒麟。
著录与文献	未发表
出土/征集时间	
收藏地	米脂县博物馆

编号	SSX-MZ-064
时代	东汉
原收藏号	0934 B0139；0935 B0140
出土地	米脂县境内
原石尺寸	268×41×10
画面尺寸	149×35
质地	砂岩
原石情况	原石残为两段，背面平整。上侧面毛石状。下侧面左边凿人字纹，右边凿斜条纹。左侧面欠平整，有残痕。右侧面呈毛石状。
所属墓群	
组合关系	
相关位置	横楣石，与左、右门柱为墓室某壁组合。
画面简述	画面分为内、外两栏。外栏为车马行进图，左端刻盘角羊、雄鹿卧伏，右端刻二犬逐二兔、仙兔捣药。车马行列从左至右为一头梳双丫髻、穿披风、袖手面对车马迎立的小孩。迎面而来的是两辆轺车，一辆轺车（原石残断处似还有一辆轺车），一骑吏徒手随行，一骑吏荷棨戟前导，一骑吏背棒状器后从。内栏为灵禽瑞兽图，从左至右为羽人献瑞草、麒麟、朱鸟、三角人面鸟、凤鸟、独角有翼犀牛形兽、一虎、独角翼龙、羽人。
著录与文献	未发表
出土/征集时间	
收藏地	米脂县博物馆

SSX-MZ-064（局部）

编号	SSX-MZ-065
时代	东汉
原收藏号	0933 B0138
出土地	米脂县境内
原石尺寸	156×40×11
画面尺寸	94×29
质地	砂岩
原石情况	背面平整。上侧面平整。下侧面呈毛石状。左、右侧面靠正面凿斜条纹，靠背面呈毛石状。下侧面右段残缺。
所属墓群	
组合关系	
画面简述	自上而下分为四格，上三格分左、右两栏。左栏第一格：石面剥蚀，似为两人。右栏第一格：上方二人相对，左为男子，着长袍，袖手。右石面残蚀，似为一人袖手相对。下方二人，左一人戴进贤冠，着长袍，双手捧牍跪拜。身后一人戴帻着袍捧物站立。左栏第二格：一辆辎车，一辆牛车。右栏第二格：一马奔驰，一牛缓行。左栏第三格：两女子对站。两人均梳垂髽髻，着拖地长裙，袖手站立。右栏第三格：一舞伎，梳垂髽髻，着袿衣，挥袖起舞。另一人梳双丫髻，着披风，面左站立。第四格刻一博山炉，炉盘内两侧各长一株瑞草。
著录与文献	未发表
出土/征集时间	
收藏地	米脂县博物馆

编号	SSX-MZ-066
时代	东汉
原收藏号	残 B002
出土地	米脂县境内
原石尺寸	(56-92)×36×7
画面尺寸	24×23
质地	砂岩
原石情况	背面平整。上侧面为残断面。下侧面呈毛石状。左侧面平整，有凿痕。右侧面平整，有斜条纹。
所属墓群	
组合关系	
画面简述	上部大段残佚，仅见兽足和下格的玄武。
著录与文献	未发表
出土/征集时间	
收藏地	米脂县博物馆

编号	SSX-MZ-067
时代	东汉
原收藏号	0747 B0069
出土地	米脂县境内
原石尺寸	141×28×8
画面尺寸	94×17
质地	砂岩
原石情况	
所属墓群	
组合关系	应为门柱石。
画面简述	绶带穿璧纹。
著录与文献	未发表
出土/征集时间	
收藏地	米脂县博物馆

编号	SSX-MZ-068
时代	东汉
原收藏号	0942 B0147
出土地	米脂县境内
原石尺寸	121×38×10
画面尺寸	90×28
质地	砂岩
原石情况	正面剥蚀严重。上侧面平整,凿条纹。左侧面、下侧面呈毛石状。右侧面平整,凿斜条纹。
所属墓群	
组合关系	左门柱,与右门柱为左右对称组合。
画面简述	自上而下分为四格,上两格分左、右两栏。左栏第一格:两人相对而立,居左者戴通天冠,着长袍拥袖面右站立。右一女子着拖地长裙站立。右栏第一格:一舞伎头梳鬐髻,身着袿衣,翩翩起舞。左栏第二格:二人相对而立。居左者为男子,戴冠着袍拥袖面右站立。居右者为女子,着长裙拥袖面左站立。右栏第二格:刻二人,一女子着拖地长裙,拥袖站立。面前一小孩头梳双髻,着袍站立。第三格上方刻雄鹿卧伏,盘角羊行走;中间刻狐狸追雄鸡;下刻鹬鸟和二鸭。第四格刻一博山炉,炉盘两侧各有一株瑞草。
著录与文献	未发表
出土/征集时间	
收藏地	米脂县博物馆

编号	SSX-MZ-069
时代	东汉
原收藏号	0943 B0148
出土地	米脂县境内
原石尺寸	109×36×16
画面尺寸	68×28
质地	砂岩
原石情况	原石断为两截，背面平整。上侧面有铲凿痕。下侧面呈毛石状。左、右侧面平整，凿人字纹。
所属墓群	
组合关系	左门柱，与门楣石，右门柱，左、右门扉为墓门面五石组合。
画面简述	画面分内、外两栏。外栏分上、中、下三格，上格一人戴通天冠，着长袍，一手前伸，面右而立。中间一格刻飞鸟。下格刻单阙。内栏上格为仙山神树之上西王母（或东王公）端坐，左、右有仙兔和羽人跪侍。树干间有狐、瑞草。神树下突兀的山峰上加刻阴线。下格刻一门卒头戴平巾帻，身着长襦大袴，双手拥彗，面门站立。
著录与文献	未发表
出土/征集时间	
收藏地	米脂县博物馆

225

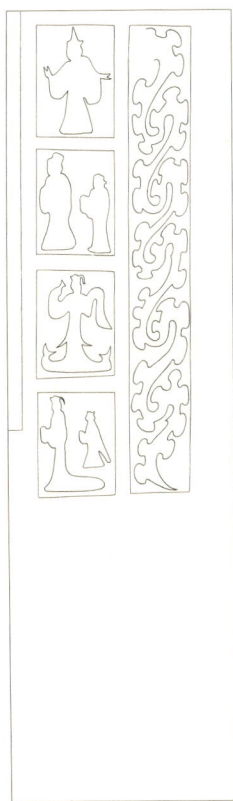

编号	SSX-MZ-070
时代	东汉
原收藏号	0877 B0116
出土地	米脂县境内
原石尺寸	121×36×6
画面尺寸	71×23
质地	砂岩
原石情况	背面平整,有凿痕。上侧面平整,有斜条纹。下侧面毛石状。左、右侧面平整,有斜条纹。
所属墓群	
组合关系	右门柱,与左门柱为墓门两边左右对称组合。
画面简述	画面分为内、外两栏。外栏为卷云纹。内栏自上而下分四格。第一格:一人戴通天冠,身着长袍,双手张开,面左站立。第二格:二男子一前一后站立。居前者头戴进贤冠,身着袍服,拥袖面左站立;居后者亦戴冠着袍,面左袖手站立。第三格:一舞伎头梳垂髻髽,着袿衣,挥袖起舞。第四格:二人前后站立,居前者头梳垂髻髽,身着拖地长裙,袖手面左站立。她的身后一小孩,梳双丫髻,戴披风,面左站立。
著录与文献	未发表
出土/征集时间	
收藏地	米脂县博物馆

227

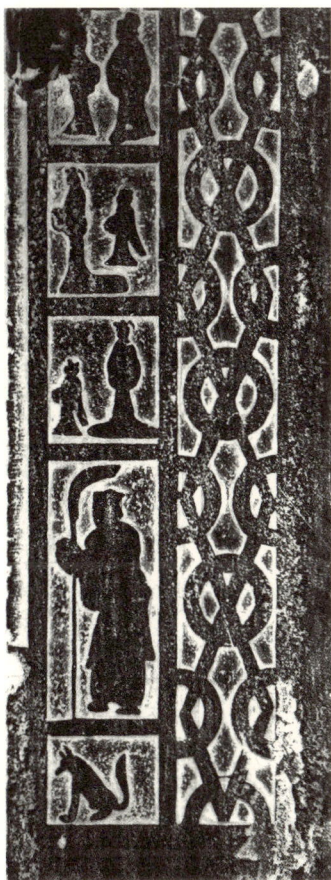

编号	SSX-MZ-071
时代	东汉
原收藏号	0098 B0030
出土地	米脂县境内
原石尺寸	107×40×8
画面尺寸	94×28
质地	砂岩
原石情况	正面左上角剥蚀，背面平整。上侧面平整，凿条纹。
所属墓群	
组合关系	右门柱，与门楣石、左门柱，左、右门扉为墓门面五石组合。
画面简述	画面分内、外两栏。外栏刻绶带穿璧纹。内栏自上而下分五格。第一格：二人相对站立，左一人着袍，头部残蚀，难以辨认。右一人戴进贤冠，着长袍，面左站立。第二格：刻二人，左为一女子着拖地长裙，袖手面左站立，身后一小孩梳双丫髻，戴披风，面左站立。第三格：刻二人，右为一女子着拖地长裙，袖手站立，身后一小孩梳双丫髻，戴披风，面左站立。第四格：刻一门卒头戴平巾帻，身着长襦大袴，双手拥彗，面门站立。第五格：一犬蹲立。
著录与文献	李林、康兰英、赵力光：《陕北汉代画像石》，西安：陕西人民出版社，1995年，图149。
出土/征集时间	
收藏地	米脂县博物馆

编号	SSX-MZ-072
时代	东汉
原收藏号	0879 B0118
出土地	米脂县境内
原石尺寸	101×29×6
画面尺寸	83×26
质地	砂岩
原石情况	背面、上侧面平整。下侧面呈毛石状。左、右侧面较平整，凿细条纹。
所属墓群	
组合关系	右门柱，与左门柱为墓门面对称组合。
画面简述	画面分为上、下两格。上格一前一后站立二人，前一人戴帻着长襦大袴，拥彗面左站立。后站立一人（画面漫漶）。下方一骑吏头戴进贤冠，荷棨戟飞奔。下格一虎呈呼啸奔走状，画面补白小鼠、鸡。
著录与文献	李林、康兰英、赵力光：《陕北汉代画像石》，西安：陕西人民出版社，1995 年，图 148。
出土/征集时间	
收藏地	米脂县博物馆

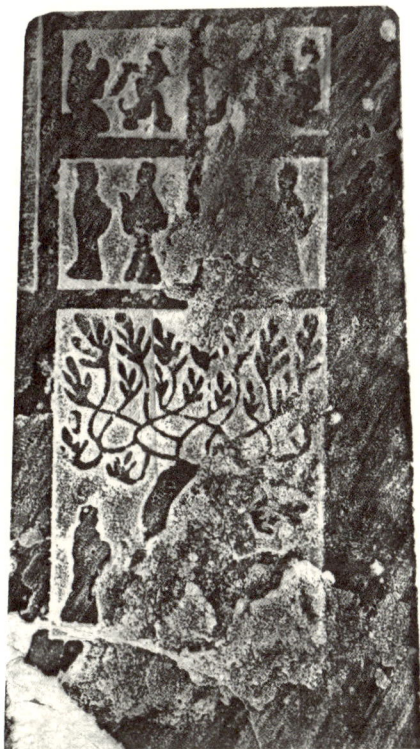

编号	SSX-MZ-073
时代	东汉
原收藏号	0939 B0144
出土地	米脂县境内
原石尺寸	82×46×6
画面尺寸	64×30
质地	砂岩
原石情况	背面平整。上侧面平整，有铲痕。下侧面平整，有凿痕。左、右侧面有凿痕。
所属墓群	
组合关系	右门柱，与左门柱为墓门左右对称组合。
画面简述	画面分上、中、下三格，上两格分左、右两栏。第一格左栏刻二人，右一人手执长巾，踏盘而舞。左一男子头戴进贤冠，身着长袍，双手持一物不明，跽坐观赏。右栏画面剥蚀严重，难以辨识。第二格左栏刻二男子对语，二人皆戴冠，着长袍，左一人袖手面右站立，右一人一手伸出，面左站立。右栏剥蚀严重，仅可见右侧一人戴冠着袍。第三格刻一连理树，树下左侧站立一男子戴冠着袍，袖手站立。
著录与文献	李林、康兰英、赵力光：《陕北汉代画像石》，西安：陕西人民出版社，1995 年，图 161。
出土/征集时间	
收藏地	米脂县博物馆

233

234

编号	SSX-MZ-074
时代	东汉
原收藏号	0937 B0142
出土地	米脂县境内
原石尺寸	(54-60)×26×4
画面尺寸	57×7
质地	砂岩
原石情况	背面、上侧面平整。下侧面呈毛石状。左侧面平整，凿人字纹。右侧面平整。
所属墓群	
组合关系	
画面简述	绶带穿璧纹。
著录与文献	李林、康兰英、赵力光：《陕北汉代画像石》，西安：陕西人民出版社，1995年，图162。
出土/征集时间	
收藏地	米脂县博物馆

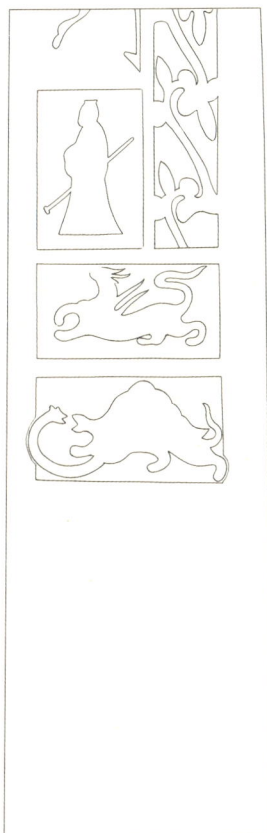

编号	SSX-MZ-075
时代	东汉
原收藏号	0876 B0115
出土地	米脂县李站
原石尺寸	115×36×7
画面尺寸	65×25
质地	砂岩
原石情况	背面平整。上、左侧面平整,凿斜条纹。下、右侧面呈毛石状。
所属墓群	
组合关系	右门柱,与门楣石,左门柱,左、右门扉为墓门面五石组合。
画面简述	画面分上、中、下三格,第一格分内、外两栏。外栏为卷云纹。内栏上格残失,下格一门吏,头戴进贤冠,身着官袍,腰佩长剑,面左站立。第二格刻一双角翼龙。第三格刻玄武。
著录与文献	未发表
出土/征集时间	2001 年征集
收藏地	米脂县博物馆

编号	SSX-MZ-076
时代	东汉
原收藏号	0740 B0062
出土地	米脂县境内
原石尺寸	164×28×11
画面尺寸	114×16
质地	砂岩
原石情况	背面欠平整。上侧面较平整，有凿痕。下侧面呈毛石状。左、右侧面平整，凿斜条纹。
所属墓群	
组合关系	
画面简述	刻云气纹，云气间穿插瑞草。
著录与文献	未发表
出土/征集时间	
收藏地	米脂县博物馆

240

编号	SSX-MZ-077
时代	东汉
原收藏号	残 B001
出土地	米脂县境内
原石尺寸	77×41×5
画面尺寸	68×31
质地	砂岩
原石情况	背面、上侧面平整，凿人字纹。下侧面、右侧面系后来利用的新切割面。左侧面平整，有人字纹。
所属墓群	
组合关系	左门扉，与门楣石，左、右门柱，右门扉为墓门面五石组合。
画面简述	朱雀、铺首穿环。画面所有的空白处补白卷云纹。
著录与文献	未发表
出土/征集时间	
收藏地	米脂县博物馆

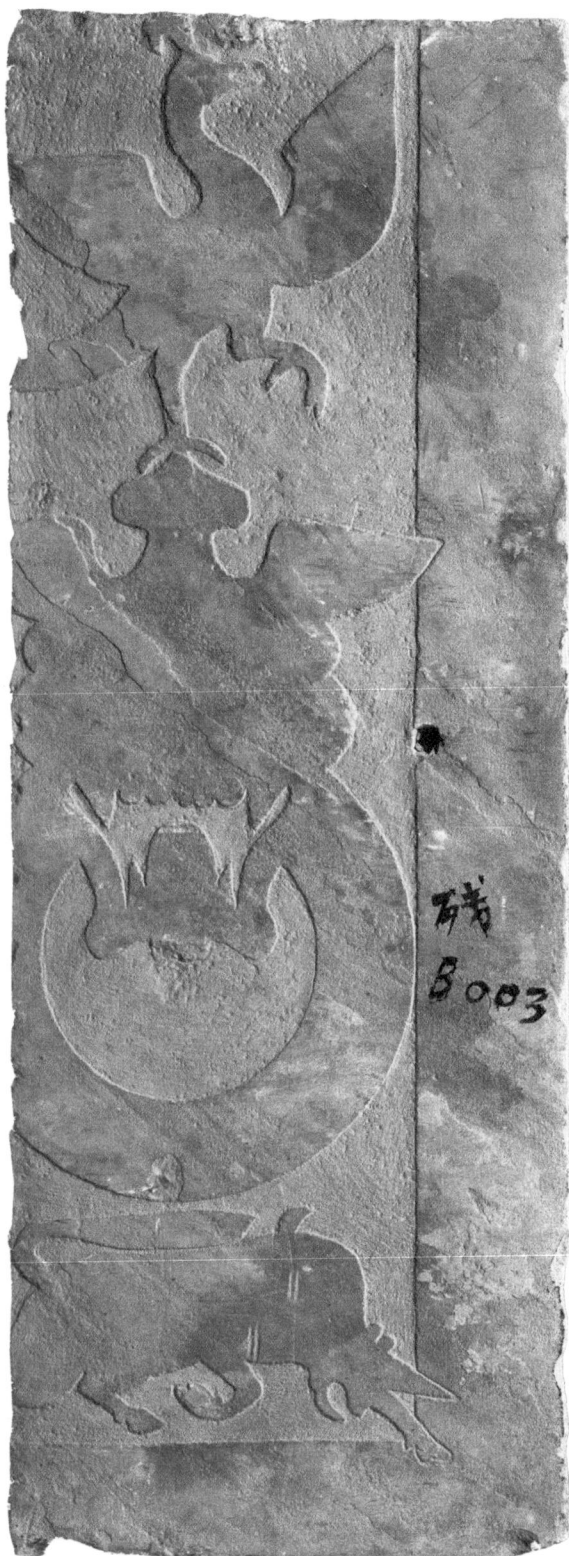

编号	SSX-MZ-078
时代	东汉
原收藏号	残 B003
出土地	米脂县境内
原石尺寸	97×37×3
画面尺寸	87×26
质地	砂岩
原石情况	背面、侧面平整。右侧面平整，凿人字纹。原石因再利用被切割了左段。
所属墓群	
组合关系	左门扉，与门楣石，左、右门柱，右门扉为墓门面五石组合。
画面简述	左侧和上端残佚。上刻朱雀，中刻铺首穿环，下刻独角兽。铺首两耳平伸，额部突起呈桃形。
著录与文献	未发表
出土/征集时间	
收藏地	米脂县博物馆

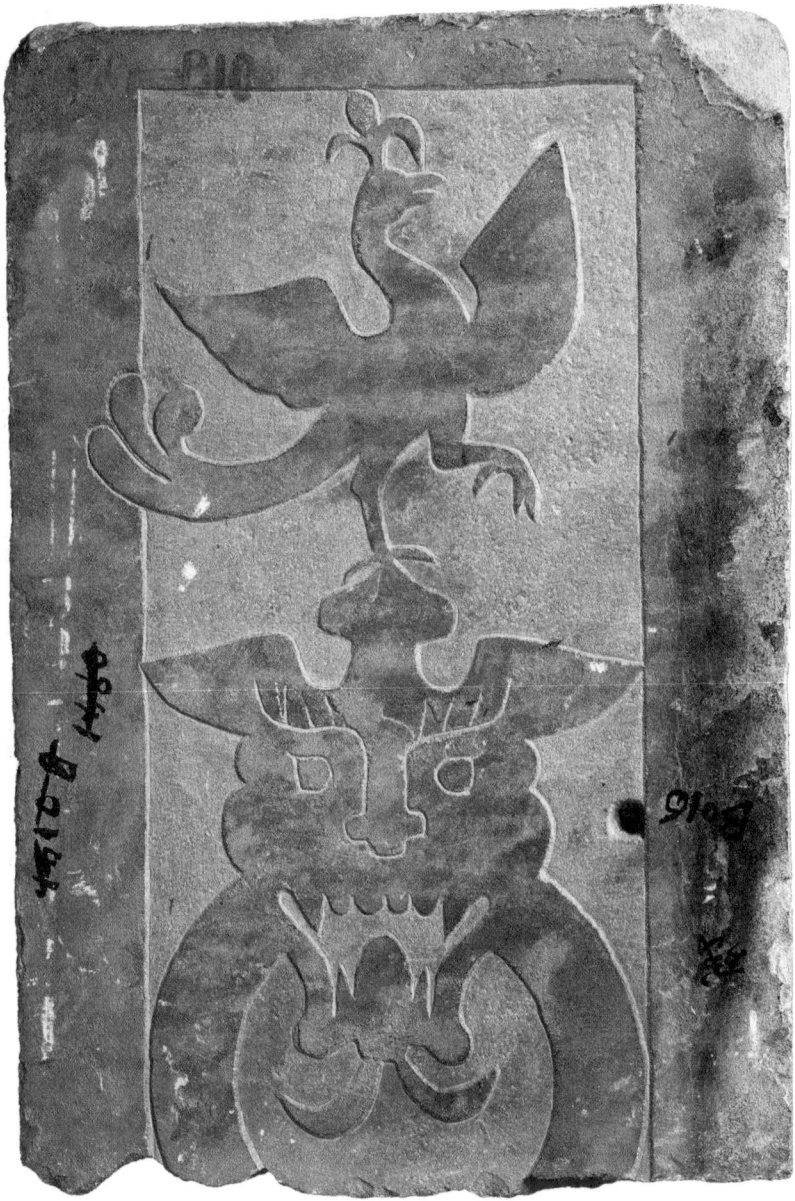

编号	SSX-MZ-079
时代	东汉
原收藏号	0941 B0146
出土地	米脂县境内
原石尺寸	75×50×3
画面尺寸	67×32
质地	砂岩
原石情况	背面平整。上侧面毛石状。下侧面为残断面。左侧面有铲凿痕。右侧面平整。原石下段因再利用后被切割。
所属墓群	
组合关系	左门扉，与门楣石，左、右门柱，右门扉为墓门面五石组合。
画面简述	朱雀，铺首衔环。铺首的眉、眼、鼻皆用阴线刻画。
著录与文献	未发表
出土/征集时间	
收藏地	米脂县博物馆